AF452549

SUPRÊME CONSEIL

DU

33°∴ ET DERNIER DEGRÉ

DU RIT ÉCOSSAIS,

ANCIEN ET ACCEPTÉ.

OR∴ DE PARIS,

J∴ W∴ STAHL, IMPRIMEUR DU SUPR∴ CONS∴

RUE GALANDE, N° 63.

———

5818. — 1818.

A L∴ G∴ D∴ G∴ A∴, D∴ L'UN∴

DEUS MEUMQUE JUS.

TRACÉ

DES TRAVAUX DU SUP∴ CONS∴

DU 33ᵉ∴ ET DERNIER DEGRÉ,

EN SA SÉANCE EXTRAORDINAIRE,

Tenue sous la Voûte Céleste du Zénith, sur le point répondant au 48ᵉ∴ degré, 50 minutes, 14 secondes, lat∴ nord, le 17ᵉ∴ jour du 7ᵉ∴ mois, appelé Nisan, de l'an de la V∴ L∴ 5818 (17 sept. 1818, ère vulgaire).

Le Tr∴ Ill∴ Fr∴ vice-amiral comte Allemand, premier Grand-Représentant et deuxième Grand-Conservateur de l'Ordre, occupe le trône.

Le maillet du premier Gr∴ Surv∴ est dirigé, à l'Ouest, par le Tr∴ Ill∴ Fr∴ Amadieu, président de la quatrième section du Sup∴ Cons∴, et celui du deuxième Gr∴ Surv∴ au Sud, par le Tr∴ Ill∴ Fr∴ de Maghellen, président de la cinquième.

L'Ill∴ Fr∴ marquis de Massiac occupe le banc de l'Orat∴, et le Fr∴ Richard, adjoint au Secrét∴ du Saint-Empire, tient le burin.

A la gauche du trône siége le Tr∴ Ill∴ Fr∴ baron de Marguerittes, troisième Grand-Conservateur.

Toutes les autres places à l'Est, sont occupées par les Souv∴ G∴ Insp∴ Gén∴ présens aux travaux.

Les Subl∴ et vaillans Pr∴ du R∴ Sec∴ sont placés sur la colonne du premier Surv∴, dans la partie la plus rapprochée de l'Est.

Celle du second Surv∴ est de même occupée par les Gr∴ Inquis∴ Comm∴, et par les Ill∴ Chev∴ K∴ H∴.

A la suite des Pr∴ du Roy∴ Sec∴ sont placés les Chev∴ R∴ C∴, et vis-à-vis d'eux les M∴ à la suite des Chev∴ K∴ H∴.

Au-dessous de la tribune de l'Or∴ siége l'Ill∴ Fr∴ Jajot, faisant fonctions de chancelier du tribunal des G∴ Inq∴ Comm∴, et vis-à-vis de lui est placé le Tr∴ Ill∴ Fr∴ Manjot jeune, Souv∴ Gr∴ Insp∴ Gén∴, chargé de l'honorable mission de défenseur d'office du grand dignitaire, comte de Grasse-Tilly, accusé, dans le cas où il ne comparaîtrait pas.

Les travaux sont ouverts, midi plein, au premier degré du Rit Ecossais, ancien et accepté, suivant le formulaire du grade.

Un triple houzé, secondé par de vives et triples batteries, est tiré en l'honneur de Sa Majesté le Roi de France et de son auguste Famille.

Sur l'ordre du Tr∴ Ill∴ président, le Fr∴ Secrét∴ donne, en ces termes, lecture de l'arrêté pris par le Sup∴ Cons∴, le 26 août dernier, ère chrét∴, et de la planche de convocation du 20 de ce mois, qui font connaître le but des travaux du jour.

ARRÊTÉ DU 26 AOUT 1818.

Le Suprême Conseil des Souverains-Grands-Inspecteurs-Généraux du 33°.·. et dernier degré, régulièrement assemblé, en vertu d'une convocation extraordinaire et spéciale ;

Considérant que, dans beaucoup de circonstances, le T.·. Ill.·. F.·. comte de Grasse - Tilly, Grand-Commandeur pour les possessions françaises de l'Amérique, s'est arrogé des droits qu'il n'avait pas et a usurpé les pouvoirs du Suprême Conseil en agissant en maître absolu de l'Ordre et en rapportant à lui personnellement tout ce qui ne devait et ne pouvait appartenir qu'au Suprême Conseil (Art. 12 des statuts de 5786) (1);

Considérant que le F.·. comte de Grasse a refusé de signer les statuts et réglemens du Suprême Conseil, et qu'il a même fait protester verbalement contre ces réglemens qui ont été adoptés le 31 juillet, à la majorité de trente-trois voix contre une, et depuis acceptés par toutes les Sections réunies dans la séance solennelle du 22 août ;

(1) Art. 12 des statuts de 5786. «Le Suprême Conseil exercera tous les souverains pouvoirs maçonniques dont Sa Majesté Frédéric II, roi de Prusse, était revêtu ; et lorsqu'il sera convenable de protester contre les patentes d'un député inspecteur comme illégales, informations seront prises et envoyées à tous les Conseils suprêmes du Monde. »

(6)

Considérant qu'il est parvenu à la connaissance du Suprême Conseil que le F∴ comte de Grasse a réuni plusieurs Maçons épars et qu'il cherche, par tous les moyens possibles à tromper leur religion, en leur faisant croire qu'il est investi du pouvoir nécessaire pour créer un autre Suprême Conseil, et qu'il veut par là élever autel contre autel ;

Considérant, qu'en vertu de l'art. 17 (1) des statuts de 5786 ; de l'art. 5 (2) du chapitre premier des statuts du Suprême Conseil, du 14 juillet 5818 ; et de l'art 3 de la deuxième section du chapitre 2 des mêmes statuts, aucun 33e∴ ne peut exercer de pouvoir individuel s'il n'a reçu du Suprême Conseil l'autorisation spéciale pour le faire.

ARRÊTE :

Art. Ier. *Le Grand-Commandeur*, comte de Grasse *est suspendu de ses fonctions et déclaré provisoirement inhabile à remplir aucune dignité ou emploi maçonique, jusqu'à ce qu'il se soit justifié des accusations portées contre lui en Suprême Conseil.*

(1) Art. 17 des mêmes statuts. « Un Inspecteur-Général ne possède aucun pouvoir individuellement dans un pays où est établi un Conseil suprême, parce que la majorité des voix est nécessaire pour rendre les procédés légaux, excepté en vertu de patentes accordées spécialement par le Suprême Conseil. »

(2) Art. 5 du chapitre premier des nouveaux statuts réglementaires. « Conformément au troisième paragraphe de l'art. 5 des constitutions de 5786, il ne peut exister qu'un Suprême Conseil dans chaque nation ou royaume en Europe ; en conséquence, le Suprême Conseil déclare illégitime et irrégulière toute association qui se permettrait d'usurper ce titre et fait défense à tous les Maçons écossais de la reconnaître et de lui obéir. »

(7)

Art. II. *Le Tribunal des Grands-Inquisiteurs-Commandeurs auquel les pièces seront envoyées dans le délai de trois jours, instruira le procès du T∴ Ill∴ F∴ comte de Grasse et en fera son rapport au Suprême Conseil, qui statuera conformément aux réglemens généraux de l'Ordre.*

Art. III. *Il est provisoirement défendu à tous les Maçons de reconnaître le T∴ Ill∴ F∴ comte de Grasse dans la dignité et les prérogatives de Grand-Commandeur et de lui obéir en aucune manière.*

Art. IV. *Le présent arrêté sera notifié de suite au T∴ Ill∴ F∴ comte de Grasse et il sera buriné au nombre de trois cents exemplaires, et envoyé, dans le plus bref délai, à tous les ateliers de la correspondance.*

Signé à la minute : Vabois, Jajot, Dubreuille, Lhermillier, Laborne, Susemihl, Delarochette, l'Etendart, de Quésada, Simon, Durieu, Palis, Richard, Duplat père, Gout, Chatenet, Dehanne, Brunet, Amadieu, Heureaux jeune, Tissot et de Maghellen.

Par commandement, signé Langlois de Chalangé, *chef du Secrétariat général.*

Vu et approuvé par nous Grands-Conservateurs de l'Ordre,

Signé Le Baron de MARGUERITTES.
Le Vice-Amiral Comte ALLEMAND.

Pour extrait conforme et par exprès commandement,
Le Chef du secrétariat général,
LANGLOIS DE CHALANGÉ.

PLANCHE DE CONVOCATION DU 10 SEPTEMBRE.

T∴ C∴ F∴

Le Tribunal des Grands-Inquisiteurs-Commandeurs ayant terminé l'instruction du procès maçonnique du Grand-Dignitaire mis en jugement par l'arrêté du Supr∴ Conseil du 26e∴ jour du 6e∴ mois 5818, j'ai la faveur de vous prévenir que les Grands-Conservateurs de l'Ordre, présens à Paris, convoquent extraordinairement le Suprême Conseil, en toutes ses Sections, pour se réunir le jeudi, 17 du courant, à six heures et demie très-précises du soir, au Prado, place du Palais de Justice, à l'effet d'entendre le rapport de ce Tribunal, ouïr le prévenu en ses moyens de défense, et prononcer le jugement, séance tenante et sans désemparer.

Tous les Maçons, possédant au moins le grade de Maître, seront admis à cette séance ; mais conformément à nos statuts, les Souv∴ Gr∴ Insp∴ Gén∴, comme pairs du prévenu, auront seuls le droit de participer à la délibération.

Dans le cas où le Grand-Dignitaire, accusé, comparaîtrait en personne, il pourra se défendre lui-même, ou se choisir un défenseur parmi les membres actifs du Suprême Conseil, possédant le 33e∴ degré. S'il refuse de se rendre à la séance, il sera défendu par un de nos Ill∴ F∴, qui déjà a été nommé d'office pour remplir cette importante et honorable fonction. Toutes les pièces du procès sont déposées au Secrétariat général, pour être communiquées, soit au Dignitaire prévenu, soit à son défenseur, afin de laisser toute latitude aux moyens de défense et de justification.

Les Travaux seront dirigés par les T∴Ill∴FF∴:

VICE-AMIRAL COMTE ALLEMAND, *premier Grand-Représentant et deuxième Grand-Conservateur, Président.*

AMADIEU *et* HEUREAUX JEUNE, *Présidents de Section, remplissant les fonctions de Surveillans.*

LE BARON DE MARGUERITTES, *Troisième Grand-Conservateur, tenant le banc de l'Orateur.*

RICHARD, *remplissant les fonctions de Secrétaire du saint Empire.*

TISSOT, *Capitaine des gardes, faisant fonctions de Grand-Expert.*

DE MAGHELLEN, *Grand-Maître des Cérémonies.*

Les Souv∴ G∴ Insp∴ Gén∴ seuls occuperont l'Est.

Les Subl∴ et Vaill∴ Pr∴ du R∴ S∴ seront placés sur la colonne du premier Surveillant.

Les G∴ Inq∴ Comm∴ et les Ill∴ Ch∴ K∴ H∴ se mettront sur la colonne du second Surv∴

Les R∴ Cr∴ se placeront dans la rotonde du temple, à la suite des trente-deuxièmes, et les Maîtres se rangeront en face de ceux-ci, après les Chev∴ K∴ H∴

Agréez, Tr∴ C∴ F∴, l'assurance de mon fraternel attachement.

Par exprès commandement des Grands-Conservateurs,

LANGLOIS DE CHALANGÉ.

Vu et approuvé par les Grands-Conservateurs qui requièrent tous les Maçons écossais, et particulièrement les Insp∴ Gén∴, d'assister à cette séance importante.

Le Vice-Amiral, COMTE ALLEMAND.

LE BARON DE MARGUERITTES.

Le Tr∴ Ill∴ Fr∴ baron de Marguerittes , troisième G∴ Cons∴ , prend alors la parole et dit :

« En vertu de l'article 8 du chap∴ 23 des statuts » généraux de l'Ordre , ainsi conçu :

» *La place des Grands-Conservateurs en loge est à* » *la gauche du Grand-Commandeur ou de celui qui le* » *remplace ; cependant , dans une discussion qu'ils* » *jugeraient assez importante , l'un d'eux devrait* » *occuper le banc de l'Or∴, éclairer la question et* » *donner ses conclusions :*

» Je requiers le Tr∴ Ill∴ Fr∴ Or∴ de vouloir bien » me céder sa place. »

Le Fr∴ marquis de Massiac défère à cette invitation, et prend place à l'Est, parmi les Souv∴ Gr∴ Insp∴ Gén∴ dont il fait partie.

Le Tr∴ Ill∴ Présid∴ , après avoir rappelé que l'objet spécial des travaux du jour doit être le jugement du T∴ Ill∴ Fr∴ comte de Grasse , adresse au G∴ Arch∴ de l'Un∴, tous les FF∴ étant de bout et à l'ordre, une courte et fervente invocation , pour le supplier d'éclairer de sa divine lumière les travaux importans de la séance, et de ne pas permettre que les pairs de l'accusé s'écartent de l'esprit de sagesse , de justice et d'impartialité qui doit présider à la décision à intervenir.

Il donne ensuite ordre au G∴ M∴ des cérémonies de se transporter dans les parvis du temple, assisté de deux aides des cérémonies, les F∴ Dubreuille et Nezot, pour lui servir de témoins, et d'y appeler , par trois fois , à haute et intelligible voix, le Tr∴ Ill∴ Fr∴, comte de Grasse-Tilly.

Rentré dans le temple, le grand-maître des cérémonies, dont la voix sonore avait fait retentir, jusques dans le sein de l'At.·., les trois appels par lui faits et prononcés dans les parvis, déclare au Sup.·. Cons.·. qu'ils sont restés sans réponse, et que le comte de Grasse n'a point comparu, ni personne pour lui.

Sur l'interpellation du président, le T.·. Ill.·. Fr.·. Langlois de Chalangé, chef du secrétariat-général, déclare, sur l'honneur, avoir adressé au Tr.·. Ill.·. Fr.·. comte de Grasse-Tilly :

1°. A son domicile ordinaire à Paris, rue Saint-Dominique, N°. 45 ;

2°. A son domicile présumé, à Versailles, rue Beauregard, chez l'Ill.·. F.·. vicomte de Melleville ;

3°. Enfin, sous le couvert de l'Ill.·. Fr.·. baron de Charlus, commandant de la gendarmerie à Versailles, pour être remise au Tr.·. Ill.·. Fr.·. comte de Grasse-Tilly ;

Une triple expédition, pour valoir sommation, de la lettre dont la teneur suit :

Au Tr.·. Ill.·. F.·. Comte de GRASSE.

Or.·. de Paris, le 10 septembre 1818.

J'ai la faveur de vous prévenir que le Sup.·. Cons.·. des Souv.·. Gr.·. Ins.·. Gén.·. du 33ᵉ.·. degré, s'assemblera le jeudi, 17 du courant, à 6 heures et demie très-précises du soir, en son local au Prado, place du Palais de Justice, pour entendre le rapport du Trib.·. des Gr.·. Inq.·. Comm.·. sur les diverses accusations portées contre vous, et procéder de suite à votre jugement maç.·.

D'après les ordres des Gr∴ Conserv∴ je remplis le pénible devoir de vous requérir de comparaître en personne, pour être entendu dans vos moyens de défense et de justification, et je vous préviens que vous pouvez faire choix d'un ou de plusieurs défenseurs parmi les membres actifs du Supr∴ Cons∴ possédant le 33°∴ degré.

Vous aurez la faculté de prendre connaissance de toutes les pièces du procès au Bureau du Secr∴ gén∴ de l'Ordre, rue de Richelieu, n° 22, tous les jours depuis huit heures du matin jusqu'à deux heures après-midi.

J'ai aussi l'honneur de vous prévenir, T∴ Ill∴ F∴, que les défenseurs, que vous avez choisis, ne pourront être entendus qu'autant que vous serez présent ; et dans le cas de non-comparution, vous serez défendu par un Gr∴ Insp∴ Gén∴ qui a été nommé d'office à cet effet ; l'intention du Sup∴ Cons∴ étant que le jugement à intervenir soit prononcé sans désemparer le jour de la séance précitée.

J'ai l'honneur de vous saluer par les N∴ M∴ Q∴ V∴ S∴ C∴

Le chef du Sec∴ gén∴
LANGLOIS DE CHALANGÉ.

Vu et approuvé par les Grands-Conservateurs,
Vice-Amiral Comte **ALLEMAND.**
Le Baron de **MARGUERITTES.**

Pendant cette lecture, les Tr∴ Ill∴ Fr∴ prince Scherbatoff et comte de Witz sont introduits dans le temple, sans cérémonies, et prennent, sur les colonnes,

(15)

les places dues aux éminens Grades maçonniques qui les décorent.

Le président invite le Tr.·. Ill.·. Fr.·. Manjot jeune à s'approcher de l'autel, et lui dit :

« Ill. Fr.·., vous avez été chargé, par le Sup.·.
» Cons.·., de l'honorable et importante fonction de
» défendre d'office le Tr.·. Ill.·. Fr.·. comte de Grasse,
» dans le cas où il ne se présenterait pas, et vous avez
» eu connaissance du choix que le Sup.·. Cons.·. avait
» fait de vous ?

R. » Oui, Tr.·. Ill.·. président.

D. » On vous a communiqué les pièces du procès ?

R. » Oui.

D. » Les avez-vous suffisamment examinées ?

R. » Oui.

D. » Vos moyens de défense sont-ils prêts ?

R. » Oui.

D. » Ill.·. Fr.·. Manjot (tous les FF.·. sont debout
» et à l'ordre), vous jurez et promettez, devant Dieu,
» sur l'honneur et les statuts maçonniques, d'em-
» ployer toutes vos facultés pour remplir dignement,
» dans l'intérêt de l'accusé, les fonctions que vous avez
» acceptées ?

R. » Je le jure ! »

Après cette prestation de serment, tous les FFr.·. reprennent place, et le président interpelle le Tr.·. Ill.·. Fr.·. Amadieu, en sa qualité maçonnique de président des Grands-Inquisiteurs-Commandeurs, de déclarer si ce tribunal a suffisamment instruit la procédure dont il était chargé, et si son rapport est prêt.

Sur la réponse affirmative de cet Ill.·. F.·., le chef du secrétariat général demande et obtient la parole, puis fait l'appel nominal des Grands-Inspecteurs-Généraux, qui composent le Sup∴ Cons∴ et peuvent prendre part à la délibération.

Le résultat de cet appel constate la présence de vingt-quatre Souverains-Grands-Inspecteurs-Généraux.

Le Tr∴ Ill∴ Fr∴ Amadieu demande acte de ce qu'il entend s'abstenir de la délibération, vu sa participation à l'instruction préalable du procès.

Pareille déclaration est faite par le Tr∴ Ill∴ F∴ Manjot jeune, en raison des fonctions de défenseur d'office de l'accusé, par lui acceptées, ce qui réduit à vingt-deux le nombre des Gr∴ Insp∴ Gén∴ qui auront voix délibérative, lesquels, (tous les F∴ étant debout et à l'ordre) prêtent le serment solennel, devant Dieu et sur l'honneur, de remplir avec impartialité les fonctions importantes de juges, qui leur sont dévolues.

Sur l'invitation du Tr∴ Ill∴ Présid∴, le Fr∴ Langlois de Chalangé, lequel avait été investi des fonctions de rapporteur, auprès du tribunal des G∴ Inquis∴ Comm∴, donne lecture du rapport par lui présenté à cette autorité maçonnique.

Dans son exorde, il rappelle au tribunal les devoirs qui lui sont imposés, soit par les réglemens particuliers du Grade, soit par les statuts généraux de l'Ordre.

« Votre sagesse, dit-il au tribunal, votre impartialité et votre profond discernement, sont, au Sup∴ Cons∴, de sûrs garans que l'avis qu'il attend de vous sera basé sur les principes de la justice, et par conséquent sur ceux de nos lois, qu'on ne peut et qu'on ne doit point violer impunément. »

L'Ill∴ F∴ Langlois de Chalangé regrette qu'un ri-goureux devoir, et que les sermens qu'il a prêtés au

(15)

Suprême Conseil, le mettent dans l'affligeante nécessité d'élever la voix contre le Tr∴ Ill∴ Fr∴ comte de Grasse, Gr∴ Comm∴ du Sup∴ Cons∴, pour les possessions françaises d'Amérique. C'est lui (le comte de Grasse) qui l'a reçu maçon, il y a seize ans, lorsque, pour la première fois, il le vit à dix-huit cents lieues de France. Il a partagé avec lui les malheurs de la captivité et les désagrémens d'une campagne sur mer ; enfin, il se croyait l'ami du Grand-Commandeur ; mais un chef qui n'écoute d'autres avis que ceux qui flattent son orgueil et son amour-propre, et qui du reste ne prend conseil d'aucune personne sage, ne peut conserver d'amis ; et ne doit s'entourer que d'adulateurs ou de gens intéressés à profiter de ses fautes ou de son impéritie.

Passant ensuite à l'énumération des griefs imputés au Tr∴ Ill∴ F∴ comte de Grasse, le F∴ Langlois de Chalangé les divise en deux séries ; la première comprend les pièces antérieures au mois de novembre 1817, la seconde, celles postérieures à cette époque.

Alors il s'exprime en ces termes :

« Première pièce. Lettre du F∴ comte de Grasse au F∴ Hannecart Antoine, dans laquelle il annonce qu'il s'est démis de son titre de Grand-Commandeur *ad vitam*, pour l'offrir au F∴ Cambacérès. Cette lettre est datée de Strasbourg, le 10 juillet 1806. C'est la première inconséquence commise à l'égard du Suprême Conseil, par le F∴ comte de Grasse. Elle a eu de tels résultats que nous ne croyons pouvoir nous dispenser de vous en entretenir un instant.

» La première réflexion qu'elle fait naître est, qu'ayant

donné sa démission, sans aucune restriction (1), l'Ill.·.
F.·. comte de Grasse a cessé dès-lors d'être Grand-Commandeur du Suprême Conseil, et que notre volonté
seule a pu lui conserver un titre qu'il ne pouvait ni
vendre, ni céder, ni donner, parce que jamais aucuns
statuts ni réglemens n'ont privé les sociétés maçonniques
du droit incontestable de se choisir un chef, lors surtout
que la place est vacante, soit par suite de décès, de
démission ou de départ, pour aller se fixer hors de la
juridiction. Interrogeons-nous maintenant, et voyons
quelles ont été les conséquences de cette action irréfléchie.

» Le Fr.·. comte de Grasse avait-il le droit de donner
sa démission?.... Oui. Avait-il le droit de se nommer un
successeur?.... Non. Qui pouvait le nommer, ce successeur?.... Le Suprême Conseil d'Amérique, établi
en France, et qui devait, dès le moment de son établissement à Paris, régir le Rit Ecossais, sans que le Gr.·.
Comm.·. se donnât la peine de créer, pour la France,
un autre Sup.·. Cons.·. Qu'est-il résulté de cette division
du pouvoir, qui devait être centralisé ? Qu'est-il résulté
de ce que le F.·. Comte de Grasse a nommé, de sa
pleine autorité, le T.·. Ill.·. F.·. prince Cambacérès à la
place de Grand-Commandeur, sans que les membres du
Suprême Conseil d'Amérique ayent participé à cette
nomination?.... Il en est résulté que le Sup.·. Cons.·.
de France a vu, d'un œil jaloux, une autorité pareille à

____

(1) «Je vous préviens que je viens de donner ma démission de Grand-
» Commandeur *ad vitam*, pour offrir cette place au prince Camba-
» cérès. Je le fais pour donner à l'ordre un protecteur puissant, d'au-
» tant plus que Sa Majesté a ordonné que je serais employé dans
» le royaume d'Italie; j'attends mes ordres de départ. »

la sienne , dans l'étendue de sa juridiction ; que le F∴ Cambacérès, qui ne se mêlait de maçonnerie que pour présider par fois quelques réunions ; qui , du reste , apposait sa signature lorsque le F∴ Pyron la lui demandait , a laissé persécuter les membres du Suprême Conseil d'Amérique , qu'il ne connaissait pas , parce que leur chef lui avait laissé ignorer leur existence. Qu'est-il encore résulté , de l'établissement de ce Suprême Conseil ? c'est que plusieurs de ses membres se sont détachés , pour aller former encore un autre Suprême Conseil , dans le sein du Grand - Orient de France. Cette subdivision n'eût probablement pas eu lieu si le pouvoir eût toujours résidé dans la première autorité créée , car nous pouvons dire , avec orgueil , qu'aucun des anciens membres du Suprême Conseil d'Amérique n'a abandonné son drapeau.

» Une circonstance à-peu-près semblable, et beaucoup plus récente , vous prouvera bientôt jusqu'à quel point le Fr∴ comte de Grasse a poussé la manie de créer.

» Les deuxième, troisième et quatrième pièces sont des invitations de l'Ill∴ F∴ comte de Grasse, à l'Ill∴ F∴ Heureaux , pour lui remettre quinze diplômes , dont on n'a jamais connu l'emploi. Je m'abstiendrai de faire à cet égard aucune réflexion , cela pourrait me conduire beaucoup trop loin.

» La cinquième pièce est une lettre de l'Ill∴ F∴ Hardy , datée de Rouen , le 5 novembre 1817. Elle prouve , tout à la fois , que le F∴ comte de Grasse avait précédemment établi à Rouen un Consistoire du 32°∴ degré et qu'il a touché là des métaux dont il n'a jamais rendu compte au Suprême Conseil. C'est en vain que je m'interroge pour savoir pourquoi et comment il est possible que ceci ait eu lieu.

» La pièce n° 6 est un arrêté pris par le T∴ Ill∴ F∴ comte de Grasse, pour dissoudre le Suprême Conseil d'Amérique et toutes ses Sections, et pour annoncer qu'il a formé un autre Suprême Conseil composé des FF∴ Delahogue, Lieut∴ G∴ C∴ *ad vitam*, de Fernig, Secrétaire Général, Baccarat, Capitaine des Gardes, Judesretz, d'Orfeuille et Hubert. Voici donc déjà trois Suprêmes Conseils créés en France par le F∴ comte de Grasse, sans compter celui qui s'est organisé près du Gr∴ Or∴ de France. (Remarquez que le F∴ Delahogue était alors comme à présent, à notre tête, en sa qualité de Lieut∴ G∴ C∴ pour l'Amérique, et que le F∴ de Fernig, qui jouera bientôt un autre rôle, était Secrétaire Général.) Cette pièce est remarquable sur tout par les expressions despotiques qu'elle contient et par l'abus d'autorité dont elle est la preuve. Jamais sultan ne parla d'une manière plus impérieuse aux esclaves qui rampent sous ses ordres.

» Lorsque le Suprême Conseil eut connaissance de cette *Ordonnance*, il sut en quels lieux habitait le F∴ comte de Grasse, car depuis plus d'un an on ignorait ce qu'il était devenu. On apprit avec la plus grande peine qu'il était forcé à se tenir éloigné de la capitale, parce que le non paiement d'une lettre de change le mettait dans le cas d'être appréhendé au corps. Le Suprême Conseil qu'il venait d'offenser par l'acte dont j'ai parlé à l'instant, ne balança cependant point à le tirer de cette pénible situation, et en quelques jours, par les soins de ceux qu'il voulait anéantir maçonniquement, il lui fut permis de reparaître librement dans Paris.

» C'est à la suite de cette action , de la part du Suprême Conseil, que le T.·. Ill.·. F.·. comte de Grasse
revint au milieu de nous et qu'il retracta solennellement
par sa présence , à la séance du 27 novembre 1817, tout
ce qu'il avait fait d'illégal par son arrêté précité. Le
Suprême Conseil créé par ledit arrêté fut dès lors révo-
qué, et le F.·. comte de Grasse ayant été mécontenté par
quelques-uns des membres qui le composaient, se
fâcha contre eux et déclara verbalement à plusieurs reprises qu'il ne ferait désormais partie d'aucune société
maçonnique dont ils seraient membres.

» Ici se termine l'énumération des pièces rangées dans
la première cathégorie. Comme tous les faits qu'elles
énoncent avaient été tacitement pardonnés et oubliés ,
puisque nous avions fait en quelque sorte un nouveau
pacte d'amitié avec le T.·. Ill.·. F.·. comte de Grasse ,
je ne vous engagerai à vous en souvenir que pour bien
vous pénétrer des torts que ce F.·. a eus par la suite à
notre égard, et qui doivent paraître d'autant plus graves,
qu'ils sont une récidive des premiers abus qu'il a
commis.

» La séance du 27 novembre 1817 sembla nous promettre de grands résultats. La réunion fut nombreuse
et brillante. L'accord le plus unanime régna entre tous
les Ecossais ; un seul vœu fut formé ; ce fut celui de
la prospérité du Rit , qui semblable au phœnix renais-
sait de ses cendres et paraissait dans une attitude à commander le respect et à imposer silence à ses détracteurs.

» Hélas ! si le G.·. Com.·. eût voulu joindre ses
efforts aux nôtres, nul doute que notre suprématie ne
se fût étendue du centre aux extrémités de la France ,
et que maintenant notre autorité maçonnique serait re-

connue par tout le peuple maçon ; mais quel usage fit-il du pouvoir qu'on lui délégua et des concessions qui lui furent faites par l'amitié ? Vous allez le savoir et vous prononcerez.

» La pièce n° 7 est une copie littérale d'une invitation faite par quelques Inspecteurs-Généraux au T∴ Ill∴ F∴ comte de Grasse, *pour désigner des officiers honoraires* pour chaque dignité des six Sections du Suprême Conseil ; cette pièce non signée n'en est pas moins authentique puisqu'elle est écrite toute entière de la main du F∴ comte de Grasse.

» La pièce n° 8 est le résultat de la précédente avec cette différence qu'au lieu de désigner des officiers honoraires, elle prouve que le Grand-Commandeur a nommé des officiers titulaires, et créé des grandes dignités qui n'existaient pas.

» Ici, T∴ Ill∴ FF∴, je dois fixer votre attention d'une manière toute particulière. Cet abus d'autorité est la cause d'un nouveau schisme qui vient de naître, et dont les résultats pourraient être funestes à l'ordre, si l'on ne s'empressait d'y remédier.

Une feuille de service, datée du 1er mars 1817, visée par le Grand-Commandeur, le 20 novembre suivant, pour servir jusqu'au premier jour du premier mois 5819, fixait à chacun le poste qu'il devait occuper tant dans le Suprême Conseil que dans ses Sections. Le Grand-Commandeur n'avait pas le droit de rien changer à ces dispositions.

» L'autorisation ci-dessus mentionnée ne lui permettait point de bouleverser notre organisation ; car des officiers honoraires ne pouvaient et ne devaient s'emparer du timon de nos affaires ; nous ne réclamions leur assis-

tance que pour augmenter notre nombre , et donner plus
de splendeur à l'ordre. .

» Au lieu d'agir dans ce sens, le Grand-Commandeur,
ainsi que je l'ai déja dit, nomma des titulaires à des
places qui n'étaient point vacantes , et créa des dignités
qui n'existaient pas. Au lieu de désigner des officiers
honoraires, il nomma *des grands officiers d'honneur* ,
et choisit même parmi nos membres actifs ceux dont
les noms et le rang concordaient avec son nouveau
système d'organisation.

» La séance du 23 février 1818 eut lieu, et les noms
de tous les nouveaux grands dignitaires, ainsi que ceux
des grands officiers d'honneur , furent proclamés et
accueillis avec enthousiasme , parce que personne (excepté ceux que le comte de Grasse avait mis dans son
secret) , personne , dis-je , ne pensa que ces nouveaux
frères allaient être qualifiés *titulaires* , et que bientôt
il deviendrait possible qu'ils supplantassent des maçons
qui avaient vieilli sous la bannière écossaise , et qui
avaient rompu tant de lances pour soutenir les droits
du Suprême Conseil.

» Le tracé des travaux de la séance du 23 février fut
imprimé dans le commencement de juin dernier, sans
avoir été sanctionné par le Suprême Conseil , et sans que
l'impression en ait été autorisée par lui. Tous les faits
y furent dénaturés ou plutôt arrangés au gré des intentions subversives du Grand-Commandeur. On remarqua
surtout avec le plus grand étonnement, dans cet imprimé , que le T∴ Ill∴ F∴ baron de Fernig y prenait
la qualité de lieutenant Gr∴ Comm∴ *ad vitam* ; alors
chacun put se convaincre de la volonté bien manifeste

qu'on avait d'éliminer les titulaires de leurs places, pour y substituer les nouveaux venus.

» On fit au Grand-Commandeur de vives représentations sur l'inconvenance de sa conduite et sur le nouvel abus de pouvoir, qu'il venait d'exercer. Il s'obstina à ne vouloir rien changer à ce qu'il avait fait, et dès cet instant, se sépara du Suprême Conseil, pour travailler de concert avec quelques FF∴, qu'il a abusés avec sa chimérique prétention d'être le souverain et le maître absolu de l'Ordre.

» Dès lors on sentit la nécessité de mettre un frein au despotisme toujours croissant du F∴ comte de Grasse. Une commission, précédemment nommée par lui, et par suite de la séance du 23 février, s'occupa sans relâche de reviser les anciens statuts et réglemens, et d'en faire de nouveaux dans l'intérêt de l'Ordre. Cette commission appela dans son sein, pour l'aider de leurs lumières, tous les maçons revêtus des hauts grades, qui voulurent assister à ses séances. Lorsque son travail fut terminé, notre Ill∴ F∴ le vice-amiral comte Allemand, président, écrivit au Grand-Commandeur, pour l'inviter à venir en prendre connaissance, et pour faire les observations que ce travail pourrait lui suggérer. Il refusa d'abord de se trouver en commission assemblée ; mais il vint chez le président où il prit communication de nos statuts. Un seul chapitre lui parut susceptible d'être improuvé, et ce chapitre est celui qui crée trois Grands-Conservateurs. Vous devinez le motif qui le lui faisait rejeter. Ces trois grands dignitaires étaient une barrière insurmontable à ses empietemens, et dès lors il ne pouvait les reconnaître ; cependant le T∴ Ill∴ F∴ comte de Grasse promit de se trouver à la séance ;

dans laquelle la nouvelle charte serait soumise à l'approbation du Suprême Conseil ; mais au lieu d'y venir, il
envoya le T∴ Ill∴ F∴ baron de Fernig protester
contre elle.

» Depuis cette époque nous fûmes, pendant quelques
jours incertains de la conduite que nous devions suivre
à l'égard du G∴ Comm∴ rebelle. Nous étions presque
tous d'accord d'user encore une fois de l'indulgence
dont nous avions déjà donné tant de preuves ; et nous
eussions probablement passé l'éponge sur cette nouvelle
faute, si elle n'eût été suivie d'une bien plus énorme
encore.

» Une lettre (pièce n° 9) écrite le 15 août dernier,
et envoyée à beaucoup de maçons, nous fut commu-
niquée par la voix d'un profane. Cette lettre, signée des
FF∴ de Grasse et de Fernig, est un libelle diffamatoire
contre le Suprême Conseil. Elle contient les expressions
les plus injurieuses et les plus calomnieuses ; elle est
remplie d'assertions fausses et de contradictions ; en
un mot elle porte le cachet de la plus affreuse tyrannie
et de la plus grande mauvaise foi. Un jour, et ce jour
n'est pas éloigné, nous répondrons à cette infernale
diatribe ; nous y répondrons par une réfutation, qui
imprimera le sceau de la réprobation sur le front de
celui qui a osé la permettre et la signer comme Grand-
Commandeur *ad vitam*.

» Les injures, les calomnies, les mensonges entassés
dans cette lettre, peuvent nous faire momentanément
beaucoup de mal ; mais cet écrit nous présage une
calamité bien plus grande encore ; c'est la création d'un
nouveau Suprême Conseil (le quatrième créé), contre
lequel nous nous verrons forcés à lutter, si nous ne

commençons par faire connaître au monde maçon toutes les iniquités et les exactions du F∴ comte de Grasse, afin de lui faire perdre le crédit qu'il a le talent de se faire au moyen de son charlatanisme.

Pièce no 10. »Je ne vous ai point encore parlé d'un autre genre d'abus, dont le F∴ comte de Grasse s'est rendu coupable. On pourrait même le qualifier du nom de péculat, ou de celui de concussion. Il a levé, de sa propre autorité, une contribution sur le peuple maçon, en exigeant à son profit une rétribution de deux francs, pour faire apposer le cachet de ses armes sur les diplômes, brefs ou patentes. Ce tribut, établi depuis trois ans, a fait assez murmurer, pour qu'il ne soit pas nécessaire d'offrir de preuves palpables pour prouver son existence; cependant on peut se convaincre du fait par la pièce no 10.

Pièce no 11. » Je terminerai par vous donner connaissance d'un bon émané du G∴ Com∴, le 11 mars 1818, afin que le F∴ Le Blond délivre à un nommé F..... *huit certificats de* 32ᵉ∴ Pourquoi s'est-il permis de faire une pareille invitation, à laquelle on a malheureusement déféré, et pourquoi demandait-il ensuite qu'on lui confiât pour un jour seulement, les sceaux du 30ᵉ∴, 31ᵉ∴, 32ᵉ∴ et 33ᵉ∴ degrés ?.... Vous frémiriez d'indignation, illustres Inquisiteurs, si vous connaissiez la moralité de l'individu à qui l'on a eu la faiblesse de délivrer huit patentes. Je rougis encore quand je pense que le F∴ comte de Grasse était lié avec un pareil être et qu'il fut cause que nous eûmes pendant quelque temps des rapports ensemble. Ici je m'arrête dans la crainte qu'un sujet aussi méprisable ne m'entraîne loin du but que je suis près d'atteindre.

» Je me résume : rien ne peut, ce me semble, atténuer les faits que je viens de vous communiquer. Le Gr.˙. C.˙. comte de Grasse s'est rendu indigne du titre de Chef que nous lui avons conservé jusqu'à ce jour. Il ne peut plus, d'ailleurs, prétendre à appartenir à une société qu'il a lui-même abandonnée et dont il refuse de suivre les lois. Il a déserté sa propre cause en désertant la nôtre. Il nous a calomniés de la manière la plus perfide. Il cherche à élever, en ce moment, autel contre autel, et de la division qu'il veut opérer, doit nécessairement naître des contrariétés sans nombre qui s'opposeront à la prospérité de l'Ordre.

» Le G.˙. Com.˙., comte de Grasse, est évidemment spoliateur des droits du Suprême Conseil et en contravention aux statuts de 5786, ainsi qu'à nos nouveaux statuts réglementaires ; en conséquence et en conformité de l'Art.˙. 9 du chapitre 5 desdits statuts, dernièrement cités, je requiers le Tribunal des Gr.˙. Inq.˙. de délibérer sur le fait de savoir :

» 1° Si le T.˙. Ill.˙. F.˙. comte de Grasse s'est rendu coupable à diverses reprises d'abus d'autorité ;

» 2° S'il a usurpé les droits du Suprême Conseil en agissant dans diverses circonstances en maître absolu de l'Ordre ;

» 3° S'il est constant qu'il se soit approprié des fonds appartenant au Suprême Conseil, ou qu'il ait pu en recevoir au moyen des patentes qu'il se faisait délivrer en blanc ;

» 4° S'il est constant qu'il abuse, maintenant encore, du titre de Gr.˙. Com.˙., *ad vitam*, dont il est décoré, pour créer un quatrième Suprême Conseil, quoiqu'il n'en doive exister qu'un par chaque nation ou royaume, en Europe ;

» 5° S'il est constant qu'il ait imposé une taxe de deux francs pour l'apposition du cachet de ses armes sur les diplômes, brefs ou patentes.

» 6° Enfin, a-t-il commis sciemment ces délits maçonniques et a-t-il ignoré les suites funestes qu'ils pouraient avoir pour l'Ordre en général. »

Cette lecture terminée, le F∴ Langlois ajoute :

» Depuis la séance du Tribunal des Gr∴ Inq∴, il m'est parvenu vingt-six pièces, dont vingt-quatre sont écrites de la main de l'Ill∴ F∴ comte de Grasse. Elles contiennent la demande des sceaux et timbres de l'Ordre, sans désigner l'emploi qu'il en voulait faire ; celle de patentes en blanc et l'invitation d'apposer le cachet de ses armes sur des titres maçonniques. Ces pièces corroborent les faits déjà imputés au F∴ comte de Grasse et prouvent qu'il s'est, plus d'une fois et à plusieurs époques différentes, permis les mêmes abus.

» Il résulte des deux autres pièces que le F∴ comte de Grasse est dénoncé au Suprême Conseil pour avoir introduit dans le Temple, pendant les travaux, un profane (Ch....... restaurateur), qui s'est fait recevoir ensuite et auquel il a extorqué une somme de deux cent cinquante francs en marchandises de son état, sous le prétexte qu'étant maître de l'Ordre il lui en ferait faire les banquets. Ce F∴ doit être présent à la séance. (Effectivement il s'est levé pour affirmer le fait.)

» Quant à celle-ci, dit le F∴ Langlois de Chalangé en montrant un papier qu'il tire de sa poche, elle est tout-à-fait anti-maçonnique et d'une nature tellement odieuse, que je n'ai pas voulu en donner connaissance au Tribunal des Inquisiteurs. Je ne crois pas non plus devoir la lire en ce moment dans la crainte que sa publicité n'attire trop de vengeances et de calamités sur la tête du F∴ comte de Grasse. Je vais la remettre au T∴ Ill∴ Président, afin qu'il en fasse l'emploi que sa prudence lui suggérera. »

L'Ill∴ F∴ Langlois de Chalangé, ayant cessé de parler, le T∴ Ill∴ F∴ baron de Marguerittes, faisant fonctions de G∴ Orat∴, requiert que la pièce annoncée par le rapporteur, comme contenant des charges aggravantes contre l'accusé, et dont la lecture n'avait pas été faite, soit, séance tenante, mise sous le scellé du T∴ Ill∴ Prés∴, afin qu'il n'en soit fait, quant à présent, aucun usage, mais qu'elle reste néanmoins à la disposition du Sup∴ Cons∴

La demande du T∴ Ill∴ troisième G∴ Conservateur n'ayant pas éprouvé d'opposition, le sceau du T∴ Ill. Présid∴ est a l'instant apposé sur l'enveloppe de la pièce dont il s'agit, laquelle est, en cet état, remise au chef du secrétariat général, pour être déposée aux archives.

L'arrivée du Fr∴ Brunet, Gr∴ Insp∴ Gén∴, dans les parvis du temple, est annoncée. Introduit et conduit à l'Est, il y prend place auprès des autres Inspecteurs-Généraux, après avoir, sur l'invitation du Présid∴, et tous les FF∴ étant debout et à l'ordre, prêté serment, devant Dieu et sur l'honneur, de remplir avec impartialité la fonction importante de juge, ce qui porte à vingt-trois le nombre des Gr∴ Insp∴ Gén∴ qui auront voix délibérative.

La parole est à l'Ill∴ F∴ Jajot, faisant fonctions de chancelier du tribunal des Gr∴ Inquisiteurs-Commandeurs, lequel donne, en ces termes, lecture du rapport présenté, au Sup∴ Cons∴, par ce tribunal :

Souv∴ Gr∴ Cons∴ Gén∴ de l'Ordre, Tr∴ Ill∴ Prés∴, et vous tous, mes FF∴,

« Voir, en maçonnerie, des vertus et des vices, des prévarications et des juges, c'est voir en elle tout ce qu'on remarque dans les institutions humaines. Cette alternative de biens et de maux, développée par une plume exercée et philosophique, offrirait sans doute des tableaux piquans ; mais, que le pinceau les trace, ou que l'idée seule les conçoive, on en tirera toujours cette conclusion incontestable, qu'*il n'y a rien de parfait sous le soleil.* Lisez l'histoire de toutes les vicissitudes des siècles passés, et vous connaîtrez, par avance, celle des siècles à venir.

» Faut-il donc s'étonner du motif important qui nous réunit en ce jour ? Non, mes FF∴ ; mais, faut-il s'en affliger ? Oui. S'il n'y a plus de place à l'indulgence et au pardon, comme c'est un des plus beaux privilèges, de la maçonnerie, de pouvoir offrir la planche de salut à celui des FF∴ qui a fait naufrage, c'est à vous de juger si vous pouvez la présenter aujourd'hui au Tr∴ Ill∴ F∴ comte de Grasse-Tilly, Gr∴ Commandeur, dont la foule des prévarications mine depuis long-temps notre édifice, et dont il opérera la ruine, si vous n'arrêtez promptement sa main téméraire. Mais, pourquoi faut-il que mes premiers pas, dans le tribunal des G∴ Inq∴ Comm∴, s'annoncent par une provocation à des mesures rigoureuses, contre un F∴ reconnu coupable ? Pourquoi mon ministère m'oblige-t-il d'être en ce mo-

ment l'organe de ce tribunal, contre le premier Dignitaire de l'Ordre, qui a dégradé son rang maçonnique,
et montré la plus noire ingratitude envers des FF∴
qui lui ont prodigué la déférence la plus entière et
l'amitié la plus généreuse; envers des FF∴ qui ont
tout fait pour fixer ses éternelles irrésolutions, le ramener à ses devoirs, le sauver de lui-même, pour
ainsi dire, et l'asseoir enfin sur un trépied honorable,
qu'il pouvait consolider, et sous lequel il va rester
enseveli pour jamais ?

» Qu'un maçon vulgaire, se permettant des écarts
scandaleux, soit, pour prix de sa forfaiture, rejetté de
l'alliance commune, ce prévaricateur peut encore se
consoler de cette disgrace ; son obscurité le dérobe, en
quelque sorte, à l'éclat du châtiment ; il se perd dans
la foule; il rentre même, par le fait, dans la classe des
profanes ; et le public, étranger à sa dégradation, et
ignorant sa culpabilité, ne change point d'opinion à son
égard. Mais le comte de Grasse peut-il s'envelopper du
même nuage ?.... Non, mes FF∴, il semble au contraire, qu'il ait pris à tâche de se priver de cette dernière ressource par des prétentions si étranges et si
ébruitées, qu'il nous ôte les moyens de le soustraire au
jugement qui l'attend. Et si, en associant à ses travers
des hommes dont il compromet la réputation, il croit
légitimer son pouvoir dominateur ; assurer, dans ses
mains, le sceptre qui lui échappe ; attacher à sa puissance des FF∴ qu'il se plaît à nommer ses sujets, on
lui demandera alors s'il ose se flatter aussi d'arrêter les
mesures prises par les Souv∴ Gr∴ Cons∴ de l'Ordre ;
d'enrayer la sagesse du Sup∴ Cons∴ ; et d'entourer
enfin son trône de FF∴ dont la religion aura été sur-

prise , et qui , éclairés avec le temps , déserteront alors les drapeaux de la perfidie et du mensonge ?

» Parmi le nombre des délits dont le tribunal de G∴ Inquisiteurs-Commandeurs a constaté l'existence et la réalité, il en est un , mes FF∴, qui , de sa nature , n'étant point matériel , est difficile à atteindre , mais qui n'en est pas moins remarquable par sa monstruosité , et par conséquent susceptible de toute votre attention , c'est celui d'appliquer au Sup∴ Cons∴ le caractère odieux de *dilapidateur*. Il faut avoir perdu toute pudeur, pour se permettre une accusation si irréfléchie , puisque l'enquête prouve , jusqu'à l'évidence , que le F∴ comte de Grasse a absorbé à lui seul les fonds de la caisse , et même qu'il a fallu recourir à de nouvelles ressources pécuniaires, afin de mettre sa liberté civile compromise , à l'abri de toute atteinte. Or , je vous le demande, mes FF∴, quel rôle jouerait donc aujourd'hui le G∴ Commandeur , si , insensibles à sa détresse , les Maçons l'eussent abandonné dans cette circonstance ? Au moins , nous n'aurions point à lui reprocher son ingratitude , et lui-même serait peut-être hors d'état de soulever , contre le Suprême Conseil, une colonie de nouveaux Maçons , étonnés d'avoir reçu la lumière sans l'avoir demandée , sans même y avoir songé ; mais il nous réservait la faveur de nous immoler. Son ingratitude est une banqueroute faite à notre bienfaisance ; c'est là le bilan que le G∴ Commandeur voulait déposer dans nos mains. Eh bien, mes FF∴, acceptons-le : l'honneur nous reste , c'est tout ce qu'il n'a pu nous enlever.

» Mon ministère , en qualité de chancelier , en m'imposant le devoir de vous rendre compte des opérations du tribunal , m'interdit peut-être toute réflexion particulière qui ne serait point avouée ou autorisée par lui. Si j'étais étranger à ses opérations, je pourrais parler du sentiment sincère d'admiration que m'a inspiré cette honorable Chamb.·. , composée de Maçons experts et éclairés , de sa sagesse impassible , dans l'examen de cette affaire ; de la régularité de ses travaux , dans cette enquête ; de la sagacité de chacun des FF.·. , dans les débats ; des hautes lumières et de la modération du T.·. Ill.·. F.·. Langlois , dans l'exposé important qu'il a soumis à la Chamb.·. , par l'ordre du Suprême Conseil ; de la haute prudence du président ; enfin , de tout ce qui a donné , à cette tenue , un aspect solennel , capable d'inspirer la plus parfaite confiance dans le tribunal. Tous les moyens atténuans ont été offerts avec une loyauté qui a prouvé évidemment combien il en coûtait au tribunal de trouver un F.·. coupable , et surtout le premier dignitaire de l'Ordre ; en un mot , ce qui met le sceau à la droiture des G.·. Inquisiteurs , et ce qui doit le moins faire suspecter leur justice et leur bonne foi , c'est que chacun d'eux a donné son avis à haute et intelligible voix , non sur la masse des délits imputés au F.·. comte de Grasse , mais sur les deux séries qui composent l'accusation et sur tous les chefs d'icelle , article par article , à la requête du président.

»Si, pour la première fois , je me suis vu contraint de remplir un ministère affligeant pour mon cœur ; si , par la nature de mes fonctions et des sermens que j'ai contractés sur cet autel , j'ai satisfait à l'obligation qui m'était imposée , je jure sur l'honneur que je ne parle ici que comme bien convaincu de la félonie maçonnique du Souv.·. Gr.·. Comm.·. ; j'ai invoqué moi-même , dans les débats, tous les moyens d'atténuation qui pouvaient ressortir des détails de la procédure, et ma conscience sur ce point est aussi en paix que votre cœur est pur et innaccessible aux passions injustes et haineuses ; néanmoins, quelle que soit la peine que nous ayons éprouvée, d'être les instrumens actifs de cette enquête maçonnique, un sentiment équitable a dirigé notre conduite à tous, et nous l'avons puisé dans votre confiance pour le tribunal et dans la certitude où nous sommes, que vous nous regardez comme de fidèles dépositaires de votre autorité et peut-être de votre gloire en ce moment. Le peuple maçon aura aussi à nous juger à son tour ; mais il verra que nous sommes dignes de marcher sous une bannière légitime et fraternelle, et, puisqu'il n'y a plus d'appel, même à l'indulgence, il faut que le Suprême Conseil prenne une mesure prompte et efficace, pour arrêter le désordre et les abus ; enfin, quel que soit le point de vue sous lequel il envisage, et le G∴ Commandeur, et les délits qui l'accablent, il faut encore, pour l'honneur du Rit, pour l'acquit du tribunal et de notre conscience à tous, que ce jugement soit solennel, légalement connu de tous les Atel∴ de la correspondance, et envoyé même à tous les Orients du monde.

RÉSUMÉ DES GRIEFS.

» Je vais donc, T∴ Ill∴ FF∴, vous exposer sommairement le résultat de l'examen des pièces annexées au dossier de l'enquête contre le F∴ de Grasse, et qu est sous vos yeux ; car je crois devoir m'abstenir d'insister scrupuleusement sur les détails, puisque le tribunal a prononcé, et que d'ailleurs il n'y a pas de commentaire là, où l'évidence est palpable.

Ces pièces se divisent, comme vous le savez, en deux séries. La première comprend six chefs d'accusation, savoir :

Le premier, démission en 5806 de la dignité de Grand-Command.·. entre les mains du T.·. Ill.·. F.·. prince Cambacérès, auquel il a remis ses pouvoirs, et qu'il a constitué son successeur, sans la participation du Suprême Conseil qui seul peut opérer cette transmission de pouvoir et de dignité, d'où résultent abus et nullité d'opération.

Les 2ᵉ, 3ᵉ et 4ᵉ abus d'exercice d'autorité sur divers points et notamment sur la délivrance arbitraire de plusieurs diplômes, dont il n'a justifié ni la distribution, ni le prix, ni l'emploi, ni la recette.

Le 5ᵉ du 5 novembre 5817, rétention *présumée* de métaux pour l'établissement d'un consistoire à Rouen, puisque les registres du trésorier n'offrent aucune trace du prix, ni de l'emploi de fonds sur cette création arbitraire, ni expédition de pouvoir du Suprême Conseil.

Le 6ᵉ, dissolution arbitraire par le comte de Grasse du Suprême Conseil, le 27ᵉ jour du 5ᵉ mois 5817, et l'annonce de l'érection d'un nouveau conseil, sans autorisation légale, d'où abus excessif de pouvoir, despotisme et vexation.

Le trib.·. des Grands Inquis.·., éclairé sur ces faits, a néanmoins cru ne pas devoir y donner suite, ni aller en récriminant, d'après l'indulgence qu'on témoigna alors au G.·. Comm.·., dans la persuasion où on était, qu'il ne fallait considérer dans ces écarts, qu'un zèle mal entendu, abusif dans ses effets à la vérité, mais excusable peut-être sous le motif présumé de soutenir le Rit contre les persécutions suscitées contre lui , et qui ne nous sont que trop connues ; en conséquence le tribunal n'a pas jugé à propos de faire de ces articles de la première série, la base essentielle de son enquête , et il a entendu ne rappeler ici les faits que pour démontrer que ceux qui en sont la suite , dérivent des premiers et ont produit des inconséquences graves et des abus majeurs , qu'il est instant plus que jamais de réprimer pour le salut de l'Ordre et l'inviolabilité du Rit outragé et lésé dans ses prérogatives imprescriptibles.

Je passe donc à la deuxième série, de laquelle il appert 1° l'incompétence du Grand-Commandeur , qui s'est arrogé le droit de nommer, de son plein gré , et sous son bon plaisir, des officiers titul... à des places non vacantes, d'avoir innové en créant de grandes dignités dans le Rit, d'avoir enfin nommé de *grands-officiers-d'honneur* au lieu d'*officiers honoraires*, seule attribution qui lui avait été déléguée ;

2° Refus formel de sa part de souscrire à la formation des statuts gén... de l'Ordre, qu'il avait provoquée et consentie lui-même , alléguant pour prétexte que le Sup... Conseil avait empiété sur ses droits, qu'il avait borné sa puissance absolue par la création de trois Grands-Conserv... Gén..., protestation contre ces mesures préservatrices du despotisme, laquelle protestation , en la lui supposant encore permise, ne lui conférait point le pouvoir d'annuler la décision du S... Cons..., ni ne l'autorisait à prendre à lui seul une délibération contraire à l'article 12 des réglemens généraux de 5786. Le tribunal a vu en cela un attentat majeur contre l'Ordre entier, qui seul a le pouvoir incontestable de se régir

d'après la volonté universelle, mais non d'après l'arbitraire d'un individu, à qui l'honneur suprême de la
présidence ne confère que la prérogative d'être le premier parmi ses égaux, chose reconnue de tout temps
dans le régime maçonnique ;

3º. Sa lettre circulaire diffamatoire contre ces opérations salutaires, étayée d'allégations calomnieuses, en ce
qu'elles accusent le Sup.·. C.·. d'usurpation de pouvoir
et d'autorité, afin de parvenir à le dépouiller de tous
ses droits, et à établir une nouvelle création d'un quatrième conseil, quand les lois fondamentales du Rit n'en
comportent qu'un par royaume ou État ;

4º. Excès de pouvoir du Grand-Commandeur, en
ordonnant l'apposition du cachet de ses armes sur des
diplômes, chose inouie dans les fastes de la maçonnerie ;
impôt arbitraire et à son profit d'une somme de deux
francs par diplôme, ce qui n'offre plus qu'une spécu-
lation financière, incompatible avec les droits légalement exigibles pour l'intérêt de la communauté ;

5º. Abus de pouvoir et exaction sur l'émission d'un
nombre de certificats requis arbitrairement, sans la participation et l'aveu du Sup.·. C.·. et sans rendre compte
du produit ;

6º. Enfin, tentative de s'approprier les sceaux et
timbres pour un temps limité, attentat d'autant plus
dangereux, qu'outre l'irrégularité de les faire sortir des
mains du dépositaire légitime et responsable, il fait
naturellement pressentir quelle eût été leur profanation,
d'une part et de l'autre, l'incertitude de les recouvrer,
puisqu'ils eussent été, pour le G.·. Comm.·., une mine
féconde et inépuisable.

Tel est, T.·. Ill.·. FF.·., le tableau fidèle et succinct

des prévarications imputées au F∴ comte de Grasse, et vérifiées par le trib∴ sur pièces probantes , autenthiques et numérotées. Le tribunal des G∴ Inq∴, ayant pris connaissance de toute la procédure, pièce par pièce, et constaté l'authenticité d'icelle , est et demeure pleinement convaincu de la culpabilité du G∴ Comm∴; mais ne voulant ni établir de présomption sur la conduite à tenir par le Sup∴ C∴, ni influencer son opinion dans cette circonstance , ni même préjuger la peine applicable à ses délits;

DÉCLARE purement et simplement que le G∴ Com∴, comte de Grasse , est atteint et convaincu de prévarications et de lèse-maçonnerie sur tous les faits précités , le juge en conséquence susceptible des peines maçonniques portées par les articles 4, 6 et 7 du chapitre XX de nos réglemens gén∴, et en réfère , sur le prononcé du jugement à intervenir, à la justice et à la haute sagesse du Suprême Conseil.

Fait et arrêté, dans la séance du tribunal des G∴Inq∴ Commandeurs , du 3ᵉ jour du 7ᵉ mois de l'an de la V∴ L∴ 5818.

Et ont signé à la minute les Ill∴ FF∴ *Vabois, Urbain le Villain , Rameau , Biet , Chauvicourt, Prétot , Guillemin* , membres ; *Jajot* , remplissant les fonctions de chancelier; tous trente-deuxième degré, désignés pour composer le tribunal , et *Amadieu* , trente-troisième degré , président titulaire.

Cette lecture achevée , le T∴ Ill∴ Président interpelle les membres du Trib∴ des Gr∴ Inq∴ Com∴ de déclarer s'ils ont quelque chose à ajouter au rapport qui vient d'être fait en leur nom. Lé T∴ Ill∴ F∴

Amadieu, leur Président, prend la parole et déclare, au nom de tous, que le rapport qui vient d'être lu exprime fidèlement leur opinion sur les faits et circonstances du procès.

Le deuxième Gr∴ Conserv∴, présidant, invite alors le T∴ Ill∴ F∴ Manjot jeune à prendre la parole pour présenter d'office, au Suprême Conseil, la défense du G∴ Dignitaire, accusé.

Cette défense ayant été improvisée sur quelques points, ne peut être reproduite ici autrement que par une simple analyse des charges et des moyens par lesquels le défenseur d'office s'est attaché à les combattre ; moyens qu'il a puisés en partie dans une pièce justificative imprimée sous la date du 3 septembre, présent mois (pièce distribuée avec profusion dans les parvis du Temple, signée par le G∴ Com∴), et qui venait de lui être remise, en séance, de la part de ce Gr∴ Dignitaire.

Il a commencé par déclarer que le Suprême Conseil ne lui paraissait pas compétent pour procéder au jugement du Gr∴ Com∴, dont la dignité éminente, par le vaste cercle qu'elle embrasse, ne rend pas le comte de Grasse maçonniquement justiciable du Suprême Conseil ; si le chef de tous les Maçons écossais est coupable, tous doivent concourir à son jugement ; veut-on qu'aux 33es∴ seuls appartiennent une telle prérogative ? Alors devait-on au moins appeler tous les Gr∴ Insp∴ Gén∴ de la France et de l'Europe, sans exception ; le Sup∴ Cons∴ ne peut lui arracher une dignité qu'il ne lui a pas conférée, dignité qu'il possédait long-temps avant la création du Sup∴ Cons∴, dignité enfin qui, par ce seul fait qu'elle est *ad vitam*, ne saurait lui être enlevée·

Le défenseur conteste ensuite les conséquences que les rapporteurs ont fait ressortir contre son client, de l'Art∴ 12 des constitutions, statuts et réglemens donnés par S∴ M∴ le roi de Prusse, chef suprême de la Maçonnerie, en 5786, et déclare cet article non applicable au G∴ Com∴ comte de Grasse, dont les pouvoirs dérivent non-seulement des patentes qu'il a reçues en Amérique, mais encore des concessions qui lui ont été récemment faites par le Sup∴ Cons∴, lequel, dans des ballustres imprimés et revêtus de nombreuses signatures, lui donne les titres d'Ill∴ chef de la Maçonnerie écossaise, de Tr∴ Puis∴ Souv∴ Gr∴ Com∴, etc. C'est de lui que presque tous ceux qui s'arrogent aujourd'hui le droit de le juger ont reçu les grades éminens qu'ils possèdent, et leur reconnaissance s'est transformée en une noire ingratitude; la mort seule du Gr∴ Com∴ comte de Grasse, pourra les relever des sermens de fidélité et d'obéissance qu'ils lui ont prêtés.

Les rapports n'élèvent aucune plainte contre lui jusqu'en 1805; là commence la série des nombreuses accusations dont on cherche à le rendre victime.

On lui reproche, comme une preuve de sa prétendue tendance au despotisme, la cession, par lui faite alors, de son propre mouvement et sans l'autorisation du Suprême Conseil d'Amérique réfugié en France, de la dignité de Gr∴ Com∴, pour la France, au Tr∴ Ill∴ F∴ prince Cambacérès, comme si cette démarche n'avait pas eu pour but et pour résultat de donner un appui à l'Ordre écossais; cette concession d'ailleurs n'a été faite qu'en termes généraux, et le départ presqu'immédiat du comte de Grasse pour l'Italie, où son séjour

paraissait devoir être fixé, la rendait non moins convenable qu'avantageuse à l'Ordre.

Si le Gr∴ Com∴ comte de Grasse s'est fait délivrer,
par l'Ill∴ Fr∴ Heureaux jeune, quelques patentes ou
diplômes signés et scellés en blanc, l'excuse est naturellement à côté du reproche, car il avait ordonné que
le prix en soit payé; quelle preuve d'ailleurs rapporte-
t-on qu'il en ait fait usage d'une manière préjudiciable
au Suprême Conseil.

On l'accuse d'avoir écrit de Rouen pour faire la demande d'un diplôme de 32∴ en faveur d'un F∴ O....
qui lui en avait, dit-on, à l'avance payé le prix et auquel
ce diplôme n'aurait jamais été livré, et l'on oublie qu'il
résulte de cette même lettre que le Gr∴ Com∴ invitait
le F∴, auquel elle était adressée, à faire l'envoi au F∴
O..... du diplôme dont il s'agit; s'il n'a pas été envoyé,
la faute en est-elle au comte de Grasse ou à celui qui
n'a pas exécuté la mission qu'il en avait reçue?

On a parlé d'une lettre de change souscrite par le
T∴ Ill∴ Fr∴ comte de Grasse, non payée à son
échéance et acquittée à sa décharge par le Sup∴ Cons∴
Ce service était grand sans doute, et ne sera pas contesté;
mais l'arme qu'on s'en fait, lui ôte une grande partie de
son prix, et permet de faire sentir ici que le G∴ Com∴
alors livré à une gêne momentanée, avait quelques droits
à l'appui de ses FF∴, et que peut-être il n'a dû ce
secours qu'à l'orgueil des chefs du corps maçonnique
dont il était le G∴ Comm∴

Le T∴ Ill∴ F∴ comte de Grasse a commis, dit-on,
le délit maçonnique d'avoir, en 1816, improuvé par écrit
une partie des actes administratifs du Suprême Conseil,
et d'avoir tenté de le dissoudre pour en créer un nou-

veau. Ce reproche, il est glorieux pour le comte de Grasse, de l'avoir mérité; car on sait (et le tracé des travaux de la séance du 27 novembre 1817, ère vulgaire, en fait mention spéciale) que le Gr∴ Comm∴ avait été induit à cette improbation *par de faux rapports*, qu'il avait dû croire exacts, et dès lors le blâme qu'il a déversé sur le Sup∴ Cons∴ en 1816, et ses efforts pour le régénérer étaient dans le cercle étroit de ses devoirs, comme chef d'un Ordre dont il désirait et devait protéger l'illustration.

La simple inspection du tableau annexé au tracé de la séance du 23 février dernier, suffit pour faire apprécier toute la futilité du reproche, fait au Grand-Commandeur, d'avoir nommé, en février 1818, des membres titulaires du Sup∴ Cons., au lieu d'avoir seulement *désigné des membres honoraires*, ainsi qu'il y avait été invité par délibération du Suprême Conseil du 1er novembre 1817, ère vulgaire, et en effet si l'on en excepte les Ill∴ FF∴ comte de Castellane et marquis de Massiac, membres actifs du Suprême Conseil, et qui ont pu être portés sur ce tableau de membres honoraires par erreur (chose d'autant plus probable, que le Gr∴ Comm∴ ne pouvait avoir aucune espèce d'intérêt à cette mutation), on se convaincra, par la comparaison de ce tableau avec la feuille de service du Suprême Conseil, approuvée par le Gr∴ Comm∴, le 20 novembre 1817, qu'aucun autre F∴ n'avait été distrait du tableau des membres actifs.

On peut ajouter à cet égard que le retirement de ce même tableau des deux Ill∴ FF∴ dont il s'agit, pour être portés sur celui des officiers d'honneur, n'a été, en le supposant prémédité, suivi d'aucune exécution, qu'eux seuls pourraient être admis à se plaindre, et qu'ils se taisent; enfin que ce fait, ainsi expliqué, ne peut devenir un motif plausible d'accusation.

On inculpe le Grand-Commandeur de ce qu'il aurait favorisé ou au moins toléré l'altération, puis l'impression des tracés des séances des 23 février et 8 avril derniers, avant qu'ils aient été sanctionnés par la Chambre Symbolique; la justification du comte de Grasse, sur ce point, ne sera pas difficile, non-seulement il ne s'est élevé jusqu'en juin dernier aucune réclamation à cet égard, mais encore le Gr∴ Com∴ a reçu les félicitations de plusieurs membres du Suprême Conseil sur l'illustration qu'il procurait à l'Ordre par l'admission comme membres honoraires de personnages distingués par leur rang dans la société; enfin le Tr∴ Ill∴ Président des travaux du jour, le vice-amiral comte Allemand, ainsi que le Tr∴ Ill∴ Lieut∴ Gr∴ Com∴ J∴ B∴ M∴ Delahogue, ont sanctionné personnellement les deux tracés dont il s'agit, imprimés à la suite l'un de l'autre, en apposant *manu propriâ* leur signature sur le dernier feuillet.

Si le G∴ Comm∴ a multiplié les dignités honoraires; il a aussi multiplié par là les protecteurs de l'Ordre écossais, résultat non moins avantageux, que le motif en était noble ;

S'il a nommé le Tr∴ Ill∴ F∴ de Fernig, lieut∴ G∴ Comm∴ *ad vitam*, il a cru pouvoir le faire, surtout y ayant été invité par écrit par le lieutenant-Grand-Commandeur *ad vitam* J.-B. M. de la Hogue, et en admettant même que cette nomination n'eût pas été dans ses attributions, ce qu'il reste à examiner, le résultat d'une pareille erreur ne saurait être un délit;

c'était à ses FF∴ à l'éclairer, et le Sup∴ Cons∴ a jusqu'à ce jour gardé le silence.

Le G∴ Comm∴ est, dit-on, coupable d'avoir exigé et perçu une rétribution de deux francs pour l'apposition de ses armes sur chacun des diplômes ou patentes, pour lesquels sa signature était requise. Ici une distinction est à faire, le sceau de ses armes était civil ou maçonnique. S'il était purement civil, on ne peut attaquer le G∴ Com∴ pour ce fait autrement que par devant les autorités civiles. S'il avait un caractère maçonnique, la rétribution modique dont il s'agit, pourra-t-elle être réputée délit? Non sans doute, surtout si on réfléchit que ce tribut était une offrande volontaire de la part de ceux qui le payaient, et lorsque l'on voit dans les pièces du procès, que l'apposition du sceau a été, en diverses circonstances, accordée *gratis*. L'intérêt personnel n'était donc point le mobile du G∴ Comm∴? N'est-il pas possible aussi que les métaux aient été par lui versés dans la caisse du F∴ Trésor∴, ou employés en œuvres charitables, dont le secret aurait doublé le prix pour les maçons malheureux qui ont pu en être l'objet?

Une pièce secrète dont il n'a point été donné connaissance à l'assemblée, établit, dit-on, contre le G∴ Comm∴ des charges tellement graves, que sa manifestation aurait pour résultat de le déconsidérer essentiellement tant auprès de ses FF∴, que dans la société civile. Pourquoi dès lors avoir parlé d'une pareille pièce? Il est peu généreux d'avoir employé un tel moyen dont l'indication laisse nécessairement dans les esprits une impression défavorable, impression que la discussion ne saurait détruire ou atténuer, puisque le fait de l'accusation reste secret.

Passant au rapport de l'Ill∴ F∴ chancelier du tribunal des Gr∴ Inq∴ Comm∴, le défenseur du T∴ Ill∴ F∴ comte de Grasse se plaint de ce que les expressions en sont inconvenantes. Le devoir du tribunal était de balancer avec justice et équité les qualités et services maçonniques du G∴ Comm∴ avec les charges que le premier rapport faisait peser sur lui, et il ne l'a point rempli. S'il est vrai que des fonds appartenant à l'Ordre aient été employés en faveur du G∴ Comm∴, pourquoi le trésorier s'en est-il dessaisi, et pourquoi le blâme ne l'atteint-il pas seul? Si le F∴ comte de Grasse ne comparaît pas, c'est que, sans doute, pénétré du sentiment de l'inviolabilité de ses droits, il regarde à l'avance comme nul et sans effet, tout jugement ou arrêté, dont il pourrait être frappé. On l'accuse d'avoir fait des dupes, et par cette allégation injurieuse, on taxe implicitement d'ineptie les Ill∴ FF∴ qui ont été l'objet de ses égards et de ses faveurs maçonniques. On veut le dégrader! quelle partie de son armure pourra-t-on lui arracher, qu'il n'ait pas employée avec honneur à la défense de l'écossisme ? On attaque sa gloire; elle est pour lui plus que la vie. On veut son exil; il en rejaillirait sur lui un nouvel éclat.

Le défenseur du G∴ Comm∴ se résume et conclut à ce que les divers chefs de l'accusation portée contre lui soient déclarés mal fondés et comme non avenus.

Le T∴ Ill∴ président invite ceux des Souv∴ Gr∴ Insp∴ Gén∴, qui auraient quelque chose à ajouter à la défense du T∴ Ill∴ F∴ comte de Grasse-Tilly, à prendre la parole.

Le silence règne.

Il demande ensuite à l'Ill∴ F∴ Langlois de Chalangé si la défense prononcée en faveur de l'Ill∴ F∴ comte de Grasse lui présente quelques moyens de réfutation.

Sur cette interpellation cet Ill∴ F∴ prend la parole et commence par donner de justes éloges au talent avec lequel a été défendue la cause du Grand-Commandeur. » Le Suprême Conseil était bien convaincu, a-t-il dit, qu'il ne pouvait choisir, pour le Grand-Commandeur, un défenseur plus capable; mais il était certain aussi que le T∴ Ill∴ F∴ Manjot ne parviendrait à atténuer les faits, qu'en les dénaturant (*cette réplique ayant été improvisée, on ne peut que l'analyser*).

»La question de la compétence est facile à résoudre. Tous les membres d'un Sup∴ Cons∴ sont, en leur qualité de Souv∴ G∴ Insp∴ Gén∴, égaux en grade et en droits au Grand-Commandeur, qui n'est que leur président; ils ont, par conséquent, les qualités requises pour le juger, et son titre d'*ad vitam* ne peut le soustraire à la condamnation. *D'après l'article 3 des statuts de 5786, les neuf membres, qui composent un Suprême Conseil, sont* AD VITAM. Il résulterait des prétentions du T∴ Ill∴ F∴ comte de Grasse, qu'ils pourraient tous impunément prévariquer dans leurs fonctions, sans que nos lois puissent les atteindre, et chose inouie en *maçonnerie*, on serait forcé, *parce qu'ils sont* AD VITAM, de conserver des chefs, quand bien même ils auraient forfait à l'honneur. Tous les maçons ne peuvent participer à ce jugement. Les pairs seuls du prévenu ont ce droit, et l'on ne doit point appeler pour cela les Inspecteurs-Généraux de l'Europe, parce qu'un 33°∴ ne peut exercer aucun pouvoir dans la juridiction d'un Suprême Conseil auquel il n'appartient pas.

(45)

»Les patentes, que l'Ill∴ F∴ comte de Grasse a reçues en Amérique, sont tout simplement des patentes
comme les nôtres; elles ne lui confèrent aucun pouvoir
particulier, et c'est en vain qu'on s'en fait un appui,
pour s'arroger des droits qu'on n'a pas. Les concessions
dont on parle, et que nous avions faites au Grand-Commandeur, prouvent que le Suprême Conseil était *le*
maître, et non pas le T∴ Ill∴ F∴ comte de Grasse;
car on ne cède point un pouvoir qu'on n'a pas. D'ailleurs,
ces concessions ne lui étaient faites que dans l'intention
d'engager le peuple maçon à rendre au plus élevé en
dignité dans l'Ordre, la considération maçonnique qu'il
avait perdue, soit par ses inconséquences, soit par ses
abus d'autorité, soit enfin par suite de la pénible position
dans laquelle il se trouvait.

»Ceux des 33ˢ∴, qui ont été reçus par le T∴ Ill∴
F∴ comte de Grasse, ont été sans doute régularisés
ensuite par le Suprême Conseil, sans quoi ils ne seraient
rien, puisqu'*un Inspecteur-Général ne possède aucun
pouvoir individuellement dans un pays où est établi un
Conseil Suprême, attendu que la majorité des voix
est nécessaire pour rendre les procédés légaux.*

»Quant à ceux qui lui ont prêté, personnellement à lui,
des sermens de fidélité et d'obéissance, ils ont eu tort, et
je suis de ce nombre (a continué le F∴ Langlois); cependant *je crois avoir stipulé* dans mon serment que j'obéi-
rais et que je serais fidèle au Grand-Commandeur et *au
Suprême Conseil.* Le premier ne pouvait, selon moi,
subsister sans le second; ainsi je croyais devoir ne point
les séparer dans mon obligation, et quoique la mort seule
du F∴ comte de Grasse, puisse, dit-on, nous relever
des sermens que nous lui avons faits, je me croirai

parfaitement délié, si le Suprême Conseil le déclar
coupable, et qu'il me défende de le reconnaître à l'ave
nir en qualité de Grand-Commandeur.

» En partant pour l'Italie, le T∴ Ill∴ F∴ comt
de Grasse n'avait pas le droit de se choisir un successeur.
La constitution de 5786 le lui désignait dans la personne
de son Lieutenant-Grand-Commandeur. Son abdication
devait être pure et simple, afin de laisser au Conseil
Suprême la faculté, que personne ne pouvait lui ôter,
*d'offrir cette place au maçon qu'il en aurait jugé le plus
digne*. Il était d'ailleurs contraire aux statuts de créer
un Suprême Conseil autre que celui qui existait primitivement, *puisqu'il ne peut y en avoir qu'un dans chaque
nation ou royaume en Europe*.

» Il ne suffisait pas que le T∴ Ill∴ F∴ comte de
Grasse *promit qu'il ferait verser* dans la caisse de l'Ordre,
le prix du parchemin des patentes qu'il se faisait délivrer
en blanc. Il fallait au moins que la chose fut exécutée,
et que *la rétribution, exigée pour chacun des hauts
grades qu'il accordait*, y fut aussi déposée. C'est léser
les intérêts de la société à laquelle on appartient, que
de frustrer son trésor de tout ou partie de ses revenus.

» La demande d'une patente pour le F∴ O...., prouve
que le T∴ Ill∴ F∴ comte de Grasse a touché des
métaux à Rouen. On ne lui fait point le reproche d'avoir
négligé l'envoi de ce titre maçonnique; mais on l'accuse
d'avoir été inexact dans la remise des fonds qu'il reçut
à Rouen en 1816, pour l'établissement d'un consistoire
du 32e∴ degré.

» Si l'on a parlé d'une lettre de change payée par le
Sup∴ Cons∴, à l'acquit du F∴ comte de Grasse, c'est
moins pour prouver la magnanimité du sénat maçon-

nique écossais, que pour démontrer l'affreuse ingratitude de son président qui, après avoir reçu de ses FF⸫ des bienfaits et de nombreuses preuves du plus sincère attachement, a l'âme assez noire et le cœur assez pervers pour se coaliser contre eux et participer aux calomnies infâmes, qui ont été débitées et distribuées sous son nom, puisqu'il y figurait comme premier signataire.

L'ill⸫ F⸫ Manjot peut présenter, sous telle forme qui lui plaira, l'acte de dissolution, lancé en 1817 par le Grand-Commandeur, contre le Suprême Conseil ; il ne pourra parvenir à lui donner une apparence légale. C'est ce qu'on appellerait dans le monde profane *un coup d'état* ; mais en *maçonnerie*, ce n'est autre chose qu'une *inconséquence* et une *fanfaronade*.

Nous aurions sans doute, après la séance du 23 février dernier, voté des remercîmens au Grand-Commandeur pour les *officiers honoraires* qu'il nous avait présentés ; mais nous avons dû voir avec peine l'intention où il était de se servir de ces mêmes *officiers honoraires* pour évincer les *titulaires*, sans quoi il est probable qu'il n'eût pas arrangé son tableau ainsi qu'il a été imprimé dans le mois de juin suivant et envoyé à tous les membres du Suprême Conseil.

»Pourquoi, sur un tableau de membres honoraires, y voyons-nous figurer le Grand-Commandeur lui-même et son Lieutenant-Commandeur, l'Ill⸫ F⸫ Delahogue ? Pourquoi voyons-nous inscrits, sur ce même tableau les T⸫ Ill⸫ FF⸫ Comte de Castellane, marquis de Massiac, vicomte Pinon, prince Scherbatoff, Burard, etc., tous membres actifs du Suprême Conseil et qui n'ont point demandé à échanger cette qualité pour celle d'*honoraire*? La question est facile à résoudre : mettant de côté toute espèce de principes maçonniques, l'Ill∴ F∴ comte de Grasse considérait comme indignes de figurer au nombre de ses *élus*, les FF∴ qui ne possédaient d'autres qualités que celles de *simples citoyens*, et d'autres *titres que ceux d'honnêtes gens*. Qui l'avait d'ailleurs autorisé à nommer l'Ill∴ Fr∴ baron de Fernig, *Lieutenant-Commandeur* AD VITAM? Qui l'avait chargé de créer des places de grands représentans, inconnues dans le Rit jusqu'alors? Tous ces actes sont autant d'abus de pouvoir tellement *impardonnables*, que *l'un d'eux* est la principale *cause* du trouble qui existe maintenant dans l'Ordre.

»Le sceau de ses armes, quoique *civil*, n'en était pas moins apposé, *par ses ordres, sur des actes maçonniques, première faute*. Il refusait de signer les diplômes, brefs ou patentes, avant que ce cachet ne fût appliqué, ce qui fait que plusieurs FF∴ n'ont point obtenu sa signature, *deuxième faute*. Il faisait payer, à son profit, une rétribution de *deux francs* pour l'apposition de ce cachet, sans avoir été autorisé par le Suprême Conseil, à lever cet *impôt, troisième faute*, et l'on demande si cela peut se considérer comme étant un délit!.... Que faudra-t-il donc à l'avenir pour être justiciable de nos tribunaux maçonniques, si de tels faits ne caractérisent point des délits?

» Le T∴ Ill∴ F∴ comte de Grasse avait sans doute le droit de refuser de signer nos nouveaux réglemens; mais alors il cessait d'appartenir à la société, et donnait tacitement, par ce refus, sa démission de Gr∴ Comm∴ Effectivement c'est ainsi que l'on eût considéré la chose, s'il n'eût eu l'imprudence d'écrire sa circulaire datée du 15 août, dans laquelle il fait pressentir l'érection d'un nouveau Suprême Conseil, ce qui nous a obligés à le mettre en jugement, afin d'éteindre, s'il se peut en lui, la manie singulière et ridicule qu'il a de créer d'abord, pour avoir le plaisir de détruire ensuite.

Le F∴ Manjot rejette sur le trésorier l'absorption des fonds en faveur du F∴ comte de Grasse. Pourquoi, dit-on, s'en est-il dessaisi ?... Je répondrai d'abord que le F∴ trésorier avait été autorisé par le Suprême Conseil à disposer d'une partie des recettes en faveur du G∴ Comm∴ Il est vrai qu'il a de beaucoup outre-passé cette autorisation ; mais cette conduite de la part du trésorier a été ou sera approuvée ou improuvée par le Suprême Conseil ; cela ne nous regarde pas pour le moment, et si l'on prouve que le F∴ comte de Grasse a plus dépensé *à lui seul* que toutes les recettes n'ont produit, c'est afin de détruire l'idée qu'il a fait naître, qu'on avait pu dilapider les fonds de l'Ordre.

» On peut être la dupe de quelqu'un, sans, pour cela, être taxé d'ineptie ou d'imbécillité. Des personnes, distinguées par le rang qu'elles occupent dans la société, et qui ne se sont jamais occupées de maçonnerie, peuvent très-bien s'être laissées tromper par les apparences, et ont pu croire que le T∴ Ill∴ F∴ comte de Grasse avait le pouvoir de les faire maçons et de les élever tout-à-coup aux plus hauts grades. Bientôt ces personnes seront détrompées et s'empresseront sans doute de déserter la bannière illégitime du F∴ comte de Grasse, sur laquelle sont écrits ces mots : *Ingratitude et ty-rannie.*

Quant aux petites personnalités qu'on a pu remarquer dans le discours du F∴ Manjot, le F∴ Langlois de Chalangé ne croit pas devoir y répondre. Le défenseur d'une mauvaise cause peut se permettre bien des choses, et même d'altérer la vérité. L'intérêt de son client exigeait d'ailleurs que le F∴ Manjot déguisât sa façon de penser, et qu'il transformât, autant que possible, *des défauts en qualités, des délits en actions louables*; autrement *il n'aurait eu à présenter aucun moyen de justification.*

Le T∴ Ill∴ F∴ Dorville, Grand-Inspecteur-Général, prend ensuite la parole sur le seul point de droit de la compétence du Suprême Conseil, et la démontre.

Le T∴ Ill∴ F∴ Tissot, Grand-Inspecteur-Général, s'attache à son tour à démontrer que les G∴ Ins∴ G∴ du 33e∴ degré, étant les pairs de l'Ill∴ G∴ C∴ comte de Grasse, le Suprême Conseil était incontestablement compétent pour juger les délits maçonniques dont il était accusé, il ajoute, par forme d'explication, que, depuis la décision de Sa Majesté Frédéric II, roi de Prusse, et Grand-Commandeur de l'Ordre Ecossais, dont les pouvoirs avaient été par lui transmis à un Suprême Conseil du 33e∴ degré, il n'a plus existé de G∴ Comm∴, mais que les présidens des Suprêmes Conseils en ont réservé honorifiquement le titre, sans qu'il en résultât de pouvoirs personnels, plus étendus que ceux de leurs pairs les Souverains-Grands-Inspecteurs-Généraux.

Ensuite le T∴ Ill∴ Fr∴ Tissot, abordant la question de la légalité de la procédure déclare qu'elle lui paraîtrait plus régulière, si, au lieu d'avoir invité par écrit le T∴ Ill∴ F∴ comte de Grasse à prendre ou faire prendre communication de l'acte d'accusation et des pièces à l'appui, on lui en eût donné copie.

Enfin se rattachant au refus, fait par ce grand-dignitaire, d'acquiescer aux réglemens généraux de l'Ordre, basés sur les anciennes constitutions , il demande que ce refus soit purement et simplement assimilé à une démission de la dignité de G∴ Comm∴

Le T∴ Ill∴ F∴ Heureaux jeune , G∴ Insp∴ G∴ , explique les circonstances particulières , relatives au dépôt qu'il avait fait en temps chez le G∴ C∴ , de quinze diplômes en blanc , pour être signés par ce grand dignitaire , lequel , après quelques jours de délai , ne lui en a restitué que cinq , ce qui l'a forcé de se contenter d'un simple récépissé pour les dix que retenait le T∴ Ill∴ F∴ comte de Grasse.

Le T∴ Ill∴ F∴ de Maghellen , trésorier du Saint-Empire , prend ensuite la parole , pour justifier les versemens de fonds qu'il a faits à diverses époques , en acquit de dettes contractées sous la garantie du Suprême Conseil , pour subvenir aux dépenses et à l'entretien personnel du G∴ C∴ , arrivé à Paris sans ressources immédiates et dans un dénûment absolu.

Son défenseur d'office est entendu dans sa réplique aux principaux griefs développés par les rapporteurs et les préopinans. Cette replique reproduit une partie des moyens de défense déjà manifestés par la première plaidoirie.

Enfin, sur la demande du T∴ Ill∴ F∴ L'Etendard, aucun F∴ ne réclamant la parole, le T∴ Ill∴ Président déclare que les débats sont fermés.

Il invite ensuite le T∴ Ill∴ F∴ baron de Marguerittes, troisième Grand-Conservateur, et remplissant les fonctions d'orateur, à prendre la parole.

Cet Ill∴ F∴ s'exprimé en ces termes :

DISCOURS

du T∴ Ill∴ F∴ Baron de MARGUERITTES,
*3ᵉ∴ Grand Conservateur de l'Ordre, tenant le banc
de l'Orateur.*

T∴ Ill∴ FF∴ ,

» Il n'existe rien de parfait que les œuvres de la
Divinité. Toutes les institutions humaines se ressentent
plus ou moins de notre faiblesse. Ainsi que le corps humain, le corps social éprouve des maladies dangereuses et
souvent mortelles ; mais la sagesse, d'accord avec le
génie, sait, en appelant à son secours l'expérience et la
réflexion, trouver les seuls remèdes opérant une crise
qui, après avoir parcouru toutes ses périodes, rend la
vie, la vigueur première, et même de nouvelles forces
aux conceptions que le temps, la faiblesse et les vices
de son organisation menaçaient d'un anéantissement
total. L'ignorance aurait produit un effet diamétrale-
ment opposé ; elle aurait, dans son aveuglement stu-
pide, éteint le flambeau de l'existence ; elle eut donné
la mort, enfin, au corps social, en ne régénérant pas
des institutions caduques ; elle eut également privé de
la vie le corps humain en employant, pour le guérir,
des remèdes violens, dangereux et contraires à sa constitution physique.

» Vous avez, T∴ Ill∴ FF∴, aperçu les causes qui
entraînaient *l'Art Royal* vers sa perte ; votre œil ob-
servateur n'a pas été effrayé des dangers semés sous
vos pas ; votre bras a sondé les abîmes creusés par l'imprudence qui ne doute de rien ; vous avez conçu l'heu-

(53)

reux, le glorieux projet de remonter à la source des
maux qui menaçaient de tout détruire ; vous avez décidé,
avec autant de sagesse que de courage, de redonner
une nouvelle vie à notre institution sublime, qui a tra-
versé les siècles en repoussant, avec éclat, les attaques
continuelles de l'ignorance, du fanatisme et de la su-
perstition ; cette institution qui a pour base la philan-
tropie, la philosophie, l'humanité, la justice et l'équité !
Mais, que dis-je ? vous avez fait bien plus encore,
puisque les nouveaux statuts que vous avez adoptés, ces
fruits d'une longue méditation, viennent de reconstituer
la Maçonnerie écossaise, et qu'il n'est plus possible, à
l'avenir, que les *abus* envahissent le *domaine de la loi*
et qu'aucun Maçon, quel que soit son grade et sa dignité,
puisse s'arroger des pouvoirs qui appartiennent au Sénat
Maç.·. lui seul.

» Deux millions d'hommes virent, en 1776, leur indé-
pendance proclamée aux Etats - Unis d'Amérique par
cinquante-cinq citoyens vertueux et remplis de courage.
La nouvelle *Constitution* écossaise du 14 juillet 1818 (ère
vulgaire), qui va servir de *Charte* au peuple Maç.·.,
a été sanctionnée le 31 du même mois, par trente-quatre
Chevaliers revêtus des plus hauts grades ; et depuis elle
a été acceptée dans la séance solennelle du 22 août dernier (ère vulgaire), par le Suprême Conseil réuni dans
toutes ses Sections. Déjà les statuts régénérateurs ont
été signés par plus de deux cents Maç.·. Ec.·. et par
plusieurs Loges et Chapitres de l'Or.·. de Paris et de
la correspondance de notre Sénat maçonnique.

» Les peuples, et à plus forte raison les sociétés particulières, fraction de ces mêmes peuples, ont le droit
imprescriptible de modifier, de rectifier, de remplacer

les codes, lois et chartes qui les gouvernent; ce droit devient encore plus légitime lorsque la presqu'unanimité le désire et le demande avec instance, c'est la situation dans laquelle la nécessité et l'impéritie ont placé le Suprême Conseil.

L'histoire renferme mille exemples de ce que j'avance; cette conviction, vous l'avez acquise, TT.·. Ill.·. FF.·. Vous, les pairs de la Maç.·., je crois donc superflu de dérouler devant vos yeux le tableau des révolutions générales et particulières des peuples et des sociétés; vous avez aussi une connaissance parfaite de l'histoire maç.·. ancienne et moderne; ainsi cette nomenclature deviendrait inutile et fastidieuse; cependant comme ce temple renferme un grand nombre de maçons, qui ignorent les différentes révolutions que notre Ordre a éprouvées; comme la propagation de la lumière est le premier de nos devoirs, je vais citer un fait choisi parmi les nombreux exemples qui existent. Je vais parler de la révolution maçonnique, qui commença en France, en 1773 et qui ne s'acheva qu'en 1775 (ère vulgaire). Cette citation a tellement de ressemblance avec notre situation présente, que chacun de vous croira entendre le récit de ce qui se passe maintenant sous ses yeux.

« En 1773, la Maç.·. était gouvernée par un G.·.
» Or.·., appelé Or.·. de *Clermont*, du nom de son
» grand-maître, le T.·. Ill.·. F.·. le feu comte de
» C....... Ce maçon, appesanti par l'âge, mal en-
» touré, maîtrisé par d'indignes FF.·., qui s'étaient em-
» parés de sa confiance, apportait une telle négligence
» dans les travaux, qu'il en était résulté les plus grands
» désordres, quelques maçons indélicats et ambitieux

» étaient parvenus à se créer des places et de prétendus
» droits qu'ils cherchaient à étendre partout. On vendait
» à vie les vénéralats de loges. Les mystères sacrés enfin
» étaient livrés mercenairement à la connaissance des
» profanes. Cette prostitution avait réduit les vrais enfans
» de la Lum... à la nécessité de suspendre leurs travaux.
» Le temple antique n'était plus qu'un amas de ruines,
» souillé par mille profanations.

» Effrayés de l'abîme qui allait engloutir la maçon-
» nerie, les disciples de *Salomon* se concertèrent entre
» eux, ils prirent la résolution d'opposer une digue au
» torrent qui allait tout entraîner, et se réunirent en
» assemblée générale, le 15 mars 1773 (E.·. V.·.). Les
» maçons de Paris étaient représentés par quatorze
» Députés.

» Le premier acte de ces Ill.·. FF.·. , fut de ressaisir
» le pouvoir dont on avait abusé, et de se constituer
» *sous la dénomination de grande loge nationale de*
» *France.* On chassa ensuite les membres impurs de
» l'Ordre ; on rappela ceux qui s'étaient éloignés volon-
» tairement des travaux à cause de la situation déplorable
» de l'art royal ; on rédigea et l'on adopta de nouveaux
» statuts qui donnèrent à la maç.·. une autre forme
» plus appropriée aux circonstances, et que l'on crut
» susceptible de détruire les abus existans, et surtout
» d'en empêcher le retour.

» La grande loge nationale déclara, le 27 décembre
» 1773, qu'elle ne travaillerait plus que dans le sym-
» bolique, enjoignit aux ateliers de ne pas dépasser le
» troisième grade dans leurs travaux, et acheva enfin
» en 1775 (E.·. V.·.) cette révolution mémorable en
» se déclarant sénat maç.·. , *sous le titre nouveau, et*

» *qui subsiste encore de* G∴ O∴ *de France.* Ce fut
» seulement en 1781 (E∴ V∴), que le G∴ O∴ de
» France nomma une commission, pour s'occuper de
» la rédaction du formulaire et des cahiers des hauts
» grades, qu'il devait professer et mettre en vigueur
» dans ses ateliers, ainsi que dans ceux de sa juridiction.
» Le travail fut achevé en 1786 (E∴ V∴), et mis
» aussitôt en activité. Ces nouveaux grades furent ap-
» pelés *l'Elu, le Chev∴ d'O∴* ou de *l'Epée, l'Ecossais*
» *et le Rose-Croix*; et classés ainsi: 1ᵉ, 2ᵉ, 3ᵉ et
4ᵉ ordres.

Fut-il jamais, T∴ Ill∴ FF∴, ainsi que j'ai eu la
faveur de vous le dire précédemment, une situation
plus semblable à la nôtre ? Peut-il exister un exemple
plus frappant pour justifier, s'il en était besoin, ce que
vous venez de faire avec tant de gloire ?

En 1773 et en 1818, mêmes abus de pouvoir,
mêmes calamités; égalité en prudence, en force, aux
deux époques; parité en conduite, en résultats, en
révolutions; 1775 et 1818 sont aussi les époques nouvelles des ères maçonniques ancienne et moderne.

Continuons les citations qui ont rapport aux circonstances actuelles.

« Jusqu'en 1762 (E∴ V∴), le Rit écossais n'était
» composé que de *vingt-cinq degrés*, divisés en sept
» classes, qui étaient en activité en France. Les maçons
» qui possédaient les hauts grades, sentirent la néces-
» sité de réunir, dans un seul code, les statuts et régle-
» mens qui régissaient particulièrement les divers de-
» grés.

» En 1762, une assemblée, légalement convoquée,
» nomma une commission qui tint ses séances à *Bor-*

» *deaux*; elle correspondit avec le *consistoire de Berlin*,
» et de concert avec ce G.·. O.·. étranger, il fut rédigé
» *des statuts en trente-cinq articles*, qui devaient à
» l'avenir être observés et exécutés sur les deux hémis-
» phères. L'article 2 donne au trente-deuxième degré
» le P.·. du R.·. S.·., le pouvoir de gouverner tous
» les degrés du Rit, portés au nombre de trente-deux;
» il établit *à Berlin* un Souv.·. Consistoire, composé
» de tous les conseils particuliers, sous la *présidence du*
» *Souv.·. des Souv.·.* S. M. Frédéric II, roi de
» Prusse, et dernier Grand-Maître de la Maç.·. Ec.·.
» La date de ces statuts est du sixième jour de la troi-
» sième semaine de la septième lune de l'ère hébraïque
» 5562, et de l'ère vulgaire 1762 «.

Ce code a été toujours scrupuleusement suivi dans
les deux mondes et il l'est encore, sauf les modifica-
tions importantes, *qui ont eu lieu le* 1er *mai* 1786
(E.·. V.·.).

« Le grand Frédéric, de glorieuse mémoire, forma
» à l'Or.·. de Berlin un Sup.·. Cons.·. des Souv.·.
» Grands-Inspecteurs-Généraux du trente-troisième et
» dernier degré, pour procéder, dès le moment de sa
» création, au gouvernement et à l'administration de
» l'Ordre Eco.·.; il *transmit*, de son vivant, à *cet émi-*
» *nent et dernier* grade qu'il venait d'*instituer, tous les*
» *pouvoirs* dont il était investi, et qu'il *exerçait comme*
» *grand-maître* et *Souverain des maçons écossais*; il fit
» rédiger, sous ses yeux, de nouveaux réglemens en
» dix-huit articles, qui devaient, à compter de cette
» époque et surtout après sa mort, servir de *régulateur*
» *et de lois organiques pour l'exercice de la souveraine*

» puissance, par le Sup∴ Cons∴ nouvellement nommé
» par lui.

» L'article 5 fixe le nombre des Suprêmes Conseils
» à établir sur les deux hémisphères; il s'exprime en
» ces termes : *Il n'y aura qu'un conseil de ce grade*
» *dans chaque nation ou royaume en Europe, deux*
» *dans les Etats-Unis de l'Amérique, aussi éloignés*
» *que possible l'un de l'autre, un dans les îles anglaises*
» *de l'Amérique, et un pareillement dans celles fran-*
» *çaises ».*

» On lit encore ce qui suit :

» Art. 9. *Aucun Député-Inspecteur ne peut faire*
» *usage de ses pouvoirs dans un pays où sera établi*
» *un Conseil Suprême d'Inspecteurs-Généraux, à moins*
» *qu'ils ne soient approuvés dudit conseil.*

» 10. *Aucun Député-Inspecteur ci-devant reçu, ou qui*
» *peut l'être par la suite, en vertu de cette constitution,*
» *n'aura le pouvoir d'accorder des certificats, ni de*
» *donner le grade de K∴ H∴, ou des grades au-*
» *dessus.*

» 11. *Le grade de K∴ H∴ et celui de Prince du Royal*
» *Secret ne seront jamais donnés qu'en présence de trois*
» *Souverains-Grands-Inspecteurs-Généraux.*

» 12. *Le Sup∴ Cons∴ exercera tous les souverains*
» *pouvoirs maçonniques, dont son auguste majesté Fré-*
» *déric II, roi de Prusse, était revêtu, et lorsqu'il sera*
» *convenable de protester contre les prétentions de Dé-*
» *putés-Inspecteurs comme illégales, information sera*
» *envoyée à tous les Cons∴ Sup∴ du monde.*

» Art. 15. *Un Inspecteur-Général ne possède aucun*
» *pouvoir individuellement dans un pays où est établi un*
» *Cons∴ Sup∴, parce que la majorité des voix est*

» nécessaire pour rendre ses procédés légaux , excepté
» en vertu des patentes accordées spécialement par le
» Conseil ; et pour la commission. »

» Ces extraits, littéralement transcrits , prouvent donc
qu'aucun Insp∴ Gén∴ ne possède de pouvoirs indivi-
duels ; que la souveraine puissance du Grand-Commandeur a cessé d'exister depuis l'aliénation et l'aban-
don volontaire de S. M. Frédéric II en faveur du Sup∴
Conseil. Ce qui précéde prouve sans replique que le
président du Sup∴ Cons∴ des Souv∴ G∴ Ins∴ Gén∴
33e∴ et dernier degré , est seulement le *primus inter
pares* , et que , si on a toléré qu'il prit le titre de Grand-
Commandeur, ce n'était qu'une *qualification honorifique*
qui ne lui conférait aucun *droit* ni *pouvoir particulier*.

» En loge symbolique , le président des travaux, ou la
première Lumière, s'appelle *Vénérable* ; en chapitre, il se
nomme *Très-Sage* ou *Athersata* ; et lorsqu'on s'élève vers
les plus hauts degrés *du Rit* , on voit *dans le 27e∴ degré*
(*le Souv∴ Comm∴ du Temple*) , le chef et les surveillans de cet atelier de perfection prendre les titres,
le premier *de Toute-Puissance* , et les autres *de Souverains* ; le 31e grade s'intitule : *Souverain Tribunal* ;
enfin lorsqu'on arrive au *trente-deuxième* , le président
du consistoire reçoit la dénomination pompeuse de *Souverain des Souverains. Aucun* de ces *titres* , ne donne
à aucun de ces *présidens* de prérogatives particulières
dans le régime de l'ordre écossais , qui est *gouverné
souverainement* par des Sup∴ Cons∴ des Souv∴ G∴
Insp∴ Gén∴

Tel est, T∴ Ill∴ FF∴, l'origine des Sup∴ Con∴
qui sont établis sur les deux hémisphères. Le *code de*
1786 est le seul *réglement constitutif*, en vertu duquel

on a vu ce dernier grade de la maçonnerie prendre naissance et illustrer le peuple maçon, primitivement en *Prusse*, ensuite en *Angleterre*, plus tard en *Amérique*, et de là en *France* (en 1804), pour devenir la souche des autres sénats maç∴, dont je parlerai bientôt.

Vous venez d'entendre, que c'est en *France* et en *Prusse*, que les premiers réglemens généraux ont été faits en 1762, et postérieurement à Berlin en 1786; ainsi le Sup∴ Cons∴ d'Amérique, présidé par le T∴ Ill∴ F∴ comte de Grasse-Tilly, n'a rapporté *dans la mère-patrie que ce qui en était sorti avant lui*; il n'a pu jouir d'aucun droit ou privilége que de ceux *fixés* et *concédés* par la *charte* de 1762, et complétée en 1786, par le génie d'un monarque philosophe qui, en agissant ainsi, ne faisait que céder aux lois impérieuses de l'expérience. Le grand Frédéric, craignant qu'un seul maçon ne fût tenté d'abuser du *pouvoir absolu*, le divisa, de son vivant, entre les membres du Sup∴ Cons∴, dont il fut le créateur, voulant que cette souveraine puissance fut exercée dans chaque Etat ou royaume par un Sup∴ Cons∴, dont les membres gouverneraient solidairement et non individuellement.

C'est ordinairement au milieu du calme, que l'on prévoit les orages, comme l'on élève des digues, lorsque les eaux sont basses; mais c'est au contraire pendant que le *vaisseau d'Hérodom* naviguait sur une mer semée d'écueils, lorsque les mauvaises manœuvres de son pilote inexpérimenté le rendaient le jouet des vents et des flots; lorsqu'il allait faire naufrage sans espoir de salut, que le Sup∴ Cons∴ s'est ressaisi du gouvernail, et *a reparu sur le banc de quart*; c'est alors qu'il a su faire marcher de front la force , la présence d'esprit et la sagesse , et que , par des dispositions heureuses , il a reconduit *dans le port de Killwining*, et sans avaries , ce vaisseau , ouvrage immortel du génie de l'homme , et que le despotisme aveugle allait engloutir avec lui dans la profondeur d'un *Océan* sans bornes.

Vous pouvez donc vous écrier avec orgueil , T∴ Ill∴ FF∴ , *exegi monumentum !..* Oui , ce premier monument est achevé , ce *code* de vos lois bravera les nouvelles tempêtes que le vent des passions pourrait susciter; il est placé dans le *temple écossais*, comme *l'arche sainte* l'était dans celui du *sage Salomon !* La lecture de vos statuts est la réponse la plus positive et la plus foudroyante que vous puissiez faire pour imposer silence aux croassemens de la calomnie , pour repousser les attaques de l'imprudence , et amener enfin la dernière convulsion de l'agonie de l'ambition *renversée.*

Ce *grand-œuvre* a trouvé quelques détracteurs dont il détruisait le monopole et les espérances de despotisme , il a détaché quelques anneaux de la chaîne maçonnique ; mais quelles qu'aient été les manœuvres insidieuses des *discidens* , la solution de continuité n'a duré que le temps moral nécessaire pour remplir ces mêmes vides par d'autres chaînons plus précieux que ceux que vous aviez perdus. Cette chaîne , nouvellement *trempée* , entoure notre *faisceau* , qu'aucune puissance ne peut plus désunir *que nous-mêmes; mais ce malheur n'arrivera pas.*

Aucun ancien maçon n'a *abandonné* le drapeau royal; vétérans par l'âge , ils auront toujours leur vigueur première ; quand il faudra *lutter en courage et en union.* Quelques FF∴ de création moderne, qui n'ont dû leur élévation inespérée qu'aux abus de pouvoir, dont vous venez de tarir la source, sont les seuls qui, par ignorance, bien plutôt que par des intentions coupables, se soient éloignés de la bannière écossaise. Bientôt, je l'espère, ils reconnaîtront leur erreur, et alors, sans doute, vous écouterez ces maximes consolatrices :

» *Pardonne à qui t'a offensé; vois dans chaque* » *homme un Frère.* »

» Dans votre magnanimité, T∴ Ill∴ FF∴, bien convaincus de votre supériorité lorsque vous employeriez vos forces, vous aviez passé l'éponge de l'oubli sur toutes les fautes, sur tous les délits; trop grands pour vous venger, ni punir, c'était en multipliant les bienfaits que vous vouliez repousser les outrages; notre *Charte* allait être le *Pacte d'Alliance* qui devait prononcer *l'amnistie*, et qui donnait la possibilité de rétablir tous les liens de l'amitié; vous avez présenté l'olivier de la paix, lorsque la victoire vous était assurée; vous avez offert *des garanties* réciproques, *toutes émanées de l'honneur*, parce qu'on ne compose pas avec lui; ce langage n'a pas été compris, il ne pouvait l'être; on lit sur vos étendards : *Justice et Équité*; l'enseigne de vos détracteurs montre ces mots : *Domination et Destruction.* Une guerre à mort vous a été déclarée, et dans leur délire, ces imprudens ont laissé entre vos mains les armes qui vont les pulvériser!

»Avant de donner au peuple maçon un nouvel exemple de justice; avant de vous décider à prendre une mesure terrible et indispensable, vous avez tout épuisé; vous avez adressé des vœux au G∴ Arch∴ de l'Univers pour qu'il éclairât le coupable sur ses véritables intérêts, pour qu'il conçût sa situation désespérée et qu'il essayât, *en désespoir de cause*, de désarmer, par ses soumissions, le bras qui va le frapper. Efforts superflus! Vœux impuissans! De nouveaux outrages ont comblé la mesure.

» Je vais continuer quelques citations pour prouver, aux Maçons qui m'écoutent, que des exemples nombreux et même récens ont tracé, à l'avance, la conduite actuelle du Suprême Conseil.

» Cependant, il est une vérité bien cruelle à faire entendre, c'est que jamais un procès Maç∴ ne fut plus nécessaire, plus urgent, plus impérieux que celui qui nous occupe; c'est que jamais aucun Maçon ne s'est rendu coupable d'autant de délits que le G∴ Com∴, accusé.

» Armez vous de toutes vos forces, T∴ Ill∴ FF∴, songez qu'il y va de votre existence; rappelez-vous que vous combattez *pro aris et focis*, et n'oubliez pas cette *maxime du vainqueur de Pompée :* « *Il ne faut compter » pour rien ce qu'on a fait, quand il reste encore » quelque chose à faire.* »

» Vos travaux ne présenteront qu'une solidité précaire, si vous n'achevez pas votre ouvrage; hâtez-vous donc de briser *la machine* qui sert à frapper les fausses pièces Maç∴, mises en circulation par l'ignorance et l'imposture, avides de domination et d'argent.

» Je vous ai parlé du grand procès Maç∴ et de la révolution qui eurent lieu en 1773 et 1775 (ère vulgaire); ces époques sont remarquables dans l'histoire du Gr∴ Or∴ de France, on le voit attaquer le Gr∴ M∴ de l'Ordre, se ressaisir du pouvoir, se régénérer ensuite, et se donner enfin de nouveaux statuts. Le

T∴ Ill∴ F∴, le feu comte de C....... était cependant Grand-Maître, il gouvernait par le fait et par le droit, il avait même les pouvoirs les plus étendus! Quelle différence énorme entre lui et le T∴ Ill∴ F∴ comte de Grasse-Tilly! Mais ce Maçon, dont vous examinez la conduite, ne se doute pas encore de tous ses rapports avec la souveraine puissance qui régissait la Maçonnerie, en France, aux époques précitées; plus tard nous y reviendrons.

» J'ajouterai, à l'appui de cette citation, le procès de 1805 et 1806 (ère vulgaire), fait également par le G∴ Or∴ qui, jugeant le T∴ Ill∴ F∴ Py..., membre honoraire de toutes les Loges et Chapitres de France, Gr∴ Insp∴ Gén∴, 33e∴ degré, etc., etc., l'appela *novateur*, et *lança* sur lui un *interdit indéterminé*. L'appui que les seuls Ecossais lui prêtèrent, dans la dernière séance, empêcha la condamnation à une peine plus sévère. On a vu ensuite, ce même Sénat Maç∴, prononcer des décisions plus ou moins fortes contre des FF∴ possédant les plus hauts grades, et notamment à l'égard du T∴ Ill∴ F∴ Ab....., P∴ du R∴ S∴ 32e∴ degré.

» Vous rapporter les exemples qui se sont fréquemment présentés dans des Loges, des Chapitres et des Ateliers de perfection, deviendrait inutile; cette *série* de jugemens et de décisions vous est connue, et vous savez tous aussi bien que moi que les dignités, que les plus hauts degrés n'ont pu préserver de T∴ Ill∴ FF∴ d'être *jugés, condamnés, chassés* et *brûlés en effigie*.

» Le 2 février 1813 (ère vulgaire), le Suprême Conseil d'Amérique, séant à Paris, fit le procès de

l'Inspecteur-Général , 33°.·. degré , D^r.........·, et de
l'Ill.·. F.·. Pr.·. du R.·. S.·. 32°.·., V......; l'un et l'autre
furent rayés du tableau, déclarés inhabiles à exercer
aucun emploi dans la Maç.·. Ecos.·., et le dernier fut
condamné à avoir son nom brûlé entre les deux co=
lonnes. Ouvrez le Livre d'Or de l'année dont je parle
et cette preuve sera mise sous les yeux des Maçons qui
décorent ce Temple.

» Je terminerai enfin, Tr.·. Ill.·. FF.·., en vous rap-
pelant le décret rendu *les 21 septembre et 24 décembre 1813* (ère vulgaire), par le Grand Orient et le
Suprême Conseil des Etats-Unis d'Amérique, séant à
Charles-Town; il a été buriné et vous a été *transmis
officiellement*, sous la date du 31 janvier 1814 (ère v.·.);
enfin il est signé *manu propriâ*, par les Tr.·. Ill.·. FF.·.
Jean Mitchell, Grand-Commandeur pour l'Amérique
du Sud; *Frédéric Dalcho* , Lieut.·. Gr.·. Comm.·.;
E. de la Motta, Souv.·. Gr.·. Insp.·. Gén.·., 33° degré
et Ill.·. Trés.·. du Sup.·. Cons.·. des Etats-Unis d'Am.·.,
et par Commandement des Souv.·. Gr.·. Insp.·. Gén.·.,
33° degré, *Jacob de la Motta.*

» Ce décret a été rendu contre le T.·. Ill.·. F.·. J.....
C......, Gr.·. Comm.·. *du Suprême Conseil des Souverains Grands-Inspecteurs-Généraux, 33° degré, pour
les Etats-Unis d'Amérique , ses territoires et dépen-
dances*, le déclare indigne d'être maçon , annulle comme
irrégulières ses opérations maçonniques, démolit les
consistoires et conseils qu'il a pu former; il approuve
aussi les décisions maçonniques prises en 1805 (ère vulgaire), par la grande loge métropolitaine de la *Havanne*,
île de Cuba, contre ce même T.·. Ill.·. F.·. —
» (Deux autres Grands-Inspecteurs-Généraux , *non*

résidants aux Etats-Unis d'Amérique, sont fortement censurés dans ce décret).

» Cependant, T∴ Ill∴ FF∴ ; J. C..... était Souv∴ Gr∴ Insp∴ Gén∴, 33ᵉ degré. Ce dernier et sublime grade lui avait été légalement conféré ; il était porteur de pouvoirs émanés du *Suprême Conseil pour la France* ; mais il n'en avait pas moins exercé *une autorité illégale*, parce qu'il existait deux Suprêmes Conseils au continent d'Amérique, et qu'un Souverain-Grand-Inspecteur-Général, 33ᵉ∴ degré, *ne possède plus alors aucuns pouvoirs particuliers*, à moins qu'il ne les ait reçus du Suprême Conseil, exerçant le gouvernement de *fait et de droit* dans le pays circonscrit dans sa juridiction maçonnique.

» Ces exemples sont *décisifs* ; ils font évanouir la moindre *incertitude*, et nous prescrivent, s'il en était besoin, *les devoirs rigoureux* que nous avons à remplir.

» Le grand procès qui nous occupe, T∴ Ill∴ FF∴, n'affligerait point les Ecossais, si le plus inconcevable aveuglement n'avait frappé le Grand-Commandeur ! que fallait-il donc pour prévenir un si grand éclat ? Que l'Ill∴ F∴ comte de Grasse-Tilly répondît à l'appel de la franchise et de la loyauté, qu'il se contentât du *pouvoir constitutionnel* qu'on lui offrait, que, *soumis à la loi commune*, le Grand-Commandeur n'exerçât plus qu'une *autorité légale*, émanant du gouvernement légitime de l'Ordre.

» Les deux rapports qui vous ont été faits, l'un par le T∴ Ill∴ F∴ Langlois de Chalangé, rapporteur près le tribunal des Grands-Inquisiteurs-Commandeurs ; l'autre par l'Ill∴ F∴ Jajot, remplissant les fonctions de chancelier de ce tribunal ; l'instruction légale, et

(67)

maçonnique de ce procès ; l'opinion unanime, émise par les neuf Inquisiteurs composant le tribunal sacré, qui porte *que le Grand-Commandeur est coupable des délits dont il est accusé;* la défense du T∴ Ill∴ F∴ Manjot jeune, *défenseur d'office du prévenu ;* la réplique du rapporteur de cette affaire ; les débats solennels qui viennent d'avoir lieu ; la réponse du défenseur ; tout enfin vous a prouvé jusqu'à quel point notre modération a été portée ; vous avez vu quelles armes dangereuses et mortelles nous avons contre les imprudens qui osent braver nos droits. Il vous est bien démontré, *preuves matérielles en main ,* que le T∴ Ill∴ F∴ comte de Grasse-Tilly est *convaincu* de ce dont on l'accuse, et que nous avons poussé à l'excès la générosité depuis le commencement de ces discussions déplorables.

» Déjà les Ecossais peuvent *dater de leur nouvelle ère;* l'Art royal s'est régénéré les 14 et 31 *juillet , et 22 août* 1818 (ère vulgaire). Le *temple d'Hérodom* est désormais indestructible. *L'ambition au teint livide* viendra, dans ses efforts impuissans , rendre le dernier soupir sur les degrés du sanctuaire, qui voit briller sur son autel le feu sacré de l'écossisme.

» Le Grand-Commandeur est écrasé par les preuves qu'il a fournies lui-même ; son *impéritie,* son *despotisme* sans frein, ses *délits* sans nombre , sont prouvés. Il est atteint et convaincu sur tous les *chefs* portés dans l'acte d'accusation. *Un seul de ces délits* suffirait pour faire prononcer la condamnation d'un maçon ordinaire ! S'il s'agissait d'un simple chevalier, qui ne fût point honoré d'une des grandes dignités de l'Ordre , je serais le premier à invoquer votre indulgence, à vous proposer *de détruire par le feu* toutes les pièces à charge du procès ; mais, T.'. Ill.'. FF.'., vous ne pouvez plus écouter ici la voix qui demande un nouveau pardon. Trop de bonté vous serait fatale ; anéantissez l'idole devant laquelle l'ignorance et l'intérêt cupide viendraient encore brûler *leur encens*, afin que les *vrais enfans d'Hiram* aillent rendre leur *culte* dans le *temple sacré, purifié par vos seins.*

» Déjà l'audace de ce novateur, doublement coupable, ne connaît plus de bornes ; il ose élever un *simulacre* de Suprême Conseil ! Cet atelier bâtard et irrégulier tient des séances clandestines dans un lieu profane, et c'est dans une *coterie anti-maçonnique*, que l'on fabrique *ces monnaies sans valeur*, mises en circulation pour *tromper* l'ignorance et la bonne foi.

» Il est nécessaire, T.'. Ill.'. FF.'., de vous faire connaître le *prix réel* de ce *livre d'or*, que possède le comte de Grasse-Tilly, et que l'ambition dévorante veut faire passer pour *les tables de la loi.* J'en ai une copie littérale ; il en existe en France *au moins quarante autres* ; ce livre est *semblable en tout à ceux que tous les Souv.'. Gr.'. Inspecteurs-Généraux doivent avoir*, et sur lesquels il leur est prescrit d'inscrire leurs opérations maçonniques. Je n'avance rien qui ne soit conforme à la plus scrupuleuse vérité. Vous l'avez possédé dans vos archives pendant près de douze années. Il n'est pas un de vous, T.'. Ill.'. FF.'., qui ne l'ait *lu, relu et commenté* ; et c'est précisément parce que ce livre d'or a été si long-temps entre vos mains, que vous avez acquis la preuve irrécusable que le T.'. Ill.'. F.'. comte de Grasse-Tilly *ne possède aucun pouvoir* de plus qu'aucun Souverain-Grand-Inspecteur-Général, et qu'il n'est

(69)

enfin que le *président* du Suprême Conseil, avec le titre, *ad honores*, de Grand-Commandeur, ~~sans~~ puissance *individuelle*.

» Mais tous les FF∴ qui m'écoutent, n'ont pas vu et lu ce que les *discidens* appellent leur *palladium*, nos constitutions, nos *Pénates et nos Dieux*.

» Je vais donc lire la *nomenclature* du contenu de ce merveilleux *livre d'or* :

» 1° La copie des pouvoirs et lettres-patentes accordées au T∴ P∴ et R∴ F∴ *Stephen Morin*, sous la date *anno lucis* 5761, et E — V — le 27 — août 1761. Elles lui confèrent *le droit de former et établir une loge*; le nomment *Député, Grand-Inspecteur dans toutes les parties du Nouveau-Monde, avec plein et entier pouvoir de multiplier ou de créer des Inspecteurs* » *en tous lieux où les substituts gradés ne sont pas* » *établis*; lui enjoignant de prendre soin que les sta-» tuts généraux ou particuliers maç∴ soient tenus et » observés, et de ne jamais admettre dans les temples » que de vrais et légitimes FF∴ de la maç∴ » subl∴ etc. Suivent les noms des neuf Ill∴ FF∴ qui ont signé, et plus bas on lit :

« Je soussigné, *Himan-Isaac Long*, P∴ M∴ Dé-» puté, Grand-Inspecteur-Général, etc., etc, etc., » certifie que la lettre patente, transcrite ci-dessus, » accordée par......, au T∴ R∴ F∴ *Stephen Morin*, » est conforme à l'original, dont copie a été trans-» mise par lui au P∴ M∴, D∴, Grand-Insp∴, » *Mozes Cohen*, en l'île de la Jamaïque, et pareille-» ment à moi transmise par ce dernier, a été fidellement » traduite et extraite de MON REGISTRE. En foi de quoi » j'ai signé en présence des Ill∴ F∴ *Delahogue*,

» *de Grasse, Saint-Paul, Croze Magnan et Robin.* »
» Suivent lesdites signatures audit registre.

» 2° Filiation des pouvoirs accordés par le T.·. P.·. et resp.·. F.·. *Etienne Morin,* en vertu de ceux à lui donnés.

» Le T.·. P.·. et R.·. F.·. *Etienne Morin,* Inspecteur, a donné le grade de Député, Insp.·., etc. etc., au T.·. R.·. F.·. Franklin à la Jamaïque ; le F.·. Franklin l'a » donné au F.·. *Mozes Hyes,* maintenant G.·. Com.·.
» à *Boston ;* le F.·. *Mozès Hyes* l'a donné au T.·. R.·.
» F.·. *Spitzer,* à *Charles-Town.*

» Tous les Députés, Insp.·. du Continent, réunis en » cons.·. à l'O.·. de Philadelphie, l'ont donné au T.·. » R.·. F.·. *Mozes Cohen,* de la Jamaïque.

» Le T.·. P.·. F.·. *Mozes Cohen* l'a donné au T.·. » R.·. F.·. *Isaac Long,* qui l'a donné à *Charles-Town* » *aux FF.·. Delahogue, de Grasse, Croze Magnan,* » *Saint-Paul, Robin, Petit et Marie.*

« Certifié conforme à l'original, inscrit sur mon RE-» GISTRE. Signé *H. J. Long,* D. G. I. G. à *Charles-* » *Town,* le 3 mai 1797. Certifié par nous G.·. Com.·. » du G.·. Cons.·., Sub.·. O.·. de Charles-Town, » Caroline du Sud. Signé *J. B. Marie Delahogue,* » D. G. I. P. M., Souv.·. G.·. Commandeur.

» 3° Patente donnée à *Alexandre F. A. de Grasse-Tilly,* par le Souv.·. G.·. Cons.·. du 33°.·.

» Cette *patente* est *littéralement la même* que celles qui sont *délivrées* partout où il existe des Suprêmes Conseils, à tous les Souverains-Grands-Inspecteurs-Généraux, trente-troisième degré. *Il n'y a ni un mot de plus, ni une virgule de moins.*

Celle du comte de Grasse-Tilly est signée : *F.·.*

(71)

Dalcho, 33e. ; *J. B. Borven*, id. ; *Dieben*, id ; *Abraham Alexandre*, id ; *J. B. Delahogue*, id., L∴ Comm∴ pour les îles *Françaises au Vent et sous le Vent*. Sous la date du 9e j. du 12e mois de la restauration 5502 , *anno lucis* 5802, et de l'ère ch∴ 21 février 1802 , et plus bas un *visa* d'at∴ du 11 janvier 1804.

» *Signé*, SOL. MORALES , P∴R∴ S∴ Secrétaire , Jn MORALES , G∴ Ins∴ Gal , 33e.

» 4° Les constitutions de 1762 en *trente-cinq articles*, et celles de 1786 en *dix-huit idem.*

» *Nota.* Ces constitutions sont transcrites à la suite de tous les cahiers des 32e∴ et 33e∴, degrés.

» 5° Les noms des *mois Maç∴* et *l'alphabet hébreu.*

» Enfin, on y trouve encore une table de quelques maçons reçus, avec les dates de leur réception, et divers sermens qui ont été prêtés à plusieurs époques différentes.

» Vous venez de le voir, T∴ Ill∴ FF∴, tout le merveilleux s'éclipse ; le flambeau de la vérité montre *ce livre sous son véritable jour. Il reste, ce qu'il a toujours été*, un recueil très-ordinaire, et dont il existe beaucoup d'exemplaires ! C'est en un mot *un manuscrit relié en basane*, et non *un livre d'or.*

» Mais le livre du Gr∴ Comm∴ a quelque chose de particulier cependant, puisqu'il porte avec lui la preuve authentique de l'usurpation du pouvoir, par cet Ill∴ F∴ ; on y voit les diverses prestations de sermens des FF∴ qu'il a avancés en grade, des profanes qu'il a élevés, *illégalement au* NEC PLUS ULTRA *de nos sublimes mystères*, et, *chose inouie et monstrueuse*, la reconnaissance, le dévouement, le respect qu'il fait jurer et promettre, à ces Maçons, ne se rapportent nullement au Suprême Conseil, *dont il n'est que le Président*; ces hommages, cette fidélité sont pour *lui seul*; il se fait passer, à leurs yeux, pour le *Jupiter tonnant*, et montre les autres Inspecteurs-Généraux, *ses égaux en droits et en autorité*, comme des *divinités subalternes*, classées par sa *volonté* pour exécuter *ses ordres souverains. O délire! ô aberration de l'esprit humain!*

» Mon impartialité me porte à vous dire que lorsqu'il a été question de recevoir le serment des membres du Grand Orient de France, au nombre de quarante (sous la date du 29e... jour du 10e... mois de l'an de la V∴ L∴ 5804, ou le 29 décembre 1804), le Tr∴ Ill∴ F∴ comte de Grasse-Tilly a été forcé d'y laisser consigner *ces mots* : PRÉSIDENT DU SUPRÊME CONSEIL DU 33e... DEGRÉ, LE DIT CONSEIL ASSEMBLÉ. (*Voyez page 77 dudit registre.*)

» Le serment du Sénat Maç∴, du Rit moderne, ne pouvait être transcrit que sur le Livre d'Or du Suprême Conseil, qui n'en *avait pas encore*; il devait être *inscrit à la suite des réglemens et statuts généraux*; voilà pourquoi on s'est servi du registre du Tr∴ Ill∴ F∴ Souv∴ Gr∴ Insp∴ Gén∴ 33e∴, le comte de Grasse-Tilly; mais on y a sagement relaté que le Sup∴ Cons∴ était assemblé, pour prouver que c'était lui qui conférait par les mains de son président.

» Je ne pousserai pas plus loin mon examen, ni mes réflexions, et j'ose espérer que le Grand-Commandeur *me saura quelque gré de ma réticence*; s'il en était autrement, *je prends l'engagement formel* de détruire de fond en comble toute espèce de *prétention* qu'il pourrait élever encore et qui ne se *renfermerait* pas dans le *texte de la Charte de 1786*. Alors seulement et *si cela devient nécessaire, j'expliquerai tous les rapports qui peuvent exister entre lui et la puissance souveraine qui régissait la Maçonnerie, en France, avant 1762.*

» Vous avez la preuve des moyens qui ont été employés, Tr∴ Ill∴ FF∴, pour tromper le peuple maçon; c'est donc ainsi qu'un faible mortel, avide d'honneurs et de domination, s'est érigé en *despote* et s'est follement imaginé que rien ne pourrait renverser cet échaffaudage *d'erreurs* et de *monstruosités!*

» Sachez, Tr∴ Ill∴ FF∴, qu'un Chevalier écossais possède en *original la Charte de* 1786, signée *manu propriâ*, par *feu le grand Frédéric*, roi de *Prusse*. Ce code sera placé sous vos yeux, et alors vous acquérerez la nouvelle conviction qu'il n'existe *aucun autre régulateur*, aucune *autre constitution* qui ait *institué les Suprêmes Conseils*, et qu'ainsi il ne peut y avoir aucune autre puissance sur la terre que ces mêmes Suprêmes Conseils de Souv∴ Gr∴ Insp∴ Gén∴, *exerçant de droit et légitimement le gouvernement suprême et souverain de la Maçonnerie écossaise.*

» Vous avez déjà démasqué les auteurs de tant de manœuvres coupables, ôtez maintenant le manteau du *mannequin* qu'on met en avant, de ce *mannequin* qui sert de *plastron* à la nouvelle ambition, qui essaye de lever la tête, à l'instant le prestige se dissipera, et à la place d'une idole, à qui on veut tenter de faire rendre *des oracles*, les yeux *dessillés* n'apercevront plus qu'un *mortel* coupable d'innombrables délits et indigne, par conséquent, de toute espèce de croyance.

» Par suite de l'évacuation de l'île de Saint-Domingue, par les armées françaises, les membres du Suprême Conseil d'Amérique, *établi au Cap*, furent contraints de se séparer. Quelques-uns d'entre eux se réfugièrent en 1804 (ère vulgaire), dans le sein de la mère-patrie et se fixèrent à Paris ; dans le nombre de *ces princes maçons*, on remarquait le Grand-Commandeur, *comte de Grasse-Tilly* ; le Lieutenant-Grand-Commandeur, *J. B. M. Delahogue* ; les Souv⸫ Gr⸫ Insp⸫ Gén⸫, *Caignet, Hannecart Antoine*, et *Ph. Toutain*, qui était en outre membre du Suprême Conseil des Etats-Unis d'Amérique, pour la Caroline du Sud, séant *à Charles-Town*, et encore Député Grand-Inspecteur du G⸫ Consist⸫ de *Kings-Town*, île de *la Jamaïque*. Ce Tr⸫ Ill⸫ F⸫ avait aussi des pouvoirs particuliers, portant la date du 25e⸫ jour du 2e⸫ mois, an de la V⸫ L⸫ 5803, ils étaient scellés et signés, pour extrait conforme, par J. Morales. D. J. G.

» Les grandes constitutions de 1786 n'étaient pas encore généralement connues des Maçons écossais de l'Orient de Paris. Le Tr⸫ Ill⸫ F⸫ comte de Grasse-Tilly voulut mettre, dans la plus grande activité, les trente-trois degrés du Rit écossais, ancien et accepté ; il se concerta avec les Souv⸫ Gr⸫ Insp⸫ G⸫, présens, s'entoura des Ill⸫ FF⸫ possédant les hauts grades, et, d'un commun accord, on choisit pour asile des nouveaux travaux *la R⸫ Mère-Loge Ecos⸫ de Saint-Alexandre*,

« Dès lors l'Art Royal reprit force et vigueur dans les plus hauts Grades ; on *augmenta* le nombre des Souv⸫ Gr⸫ Insp⸫ Gén⸫ en élevant plusieurs FF⸫ à ce dernier degré, et le 20 octobre on forma un *Sup⸫ Cons⸫ provisoire*. Pendant qu'on procédait à cette création, *les Off⸫ du Rit* avaient été convoqués le 12 de ce même mois ; le 17, ils se réunirent en séance, rue Croix-des-Petits-Champs, et se formèrent en *Grand*

Consistoire. Le 22 , il se tint une assemblée extraordinaire , à laquelle furent appelés les Vénérables , les Surveillans , les Députés des Loges éloignées de la capitale , ainsi que tous les Membres professant le Rit ; il fut créé et constitué , *dans cette séance , une Grande Loge Générale Ecossaise de France , Rit ancien et accepté , résidant à l'O∴ de Paris* , et tous les pouvoirs de suprématie lui furent délégués.

» Ce grand pas vers *l'établissement d'un Gouvernement Régulier* produisit le meilleur effet sur le peuple Maçon , et l'on projetta *secrètement de parvenir à la réunion des Rits* ancien et moderne , afin de n'avoir plus désormais , *en France , qu'un seul et même Sénat Maçonnique*.

» Pour parvenir *au traité d'union désiré entre les deux Rits* , des Commissaires furent nommés ; savoir : *six par la Grande Loge Générale Ecossaise* , et un pareil nombre par le G∴ O∴ de France.

» Le 3 déc∴ 1804, *un projet de Concordat* fut arrêté définitivement; le 5 suiv∴, on le présenta en même tems aux deux Pouvoirs Maç∴ ancien et moderne ; ce même jour , *à minuit plein* , le G∴ O∴ *de France* annonça , à la Grande Loge Ecossaise de France , l'acceptation qu'il venait de faire du Concordat proposé , et la pria de venir se confondre avec lui , pour faire partie intégrante de sa composition , particulièrement dans son Grand Chap∴ Gén∴ Cette invitation était signée , *manu propriâ* , par les Ill∴ FF∴ *Roëttiers de Montaleau* , Représentant du Grand-Maître ; *de Foissy* , Vice-Président , et *Doisy* , Secrétaire Général.

» Les Travaux de la Grande Loge Ecossaise furent suspendus à l'instant ; elle se rendit de suite au G∴

O..., *rue du Four-Saint-Germain*. Ce Sénat Ecossais fut introduit, précédé de la bannière de l'Ordre ; *le Concordat fut lu et accepté, et la réunion des Rits s'opéra immédiatement après*. Les Travaux furent successivement tenus aux *Rits ancien et moderne*, afin de mieux prouver encore la réunion fraternelle qui venait d'avoir lieu. Ainsi *il ne devait plus existerdès lors qu'une seule et même Diète Maçonnique*.

» Il n'est pas inutile de rappeler ici que les Ecossais concédèrent au G∴ O∴ le *pouvoir* de conférer les Grades du premier au dix-huitième degrés compris ; qu'ils se *réservèrent exclusivement* la *puissance* d'initier les FF∴ du dix-neuvième au trente-troisième degrés, et qu'ils conservèrent enfin la souveraine puissance pour *le gouvernement et l'administration* de ces hauts Grades.

» Ces dispositions consacraient et maintenaient la puissance du *Souverain Sup∴ Conseil du trente-troisième degré* ; qui fut définitivement organisé *le 22 décembre 1804*, dix-sept jours seulement après *l'homologation du Concordat*.

» *La réunion des Rits* occasionna bientôt des discussions d'une telle nature que les opérations commencées se trouvèrent interrompues ; le *Concordat*, qui devait être un *pacte d'union et de fraternité*, devint *la pomme de discorde !*

» Je n'entrerai pas dans des détails affligeans et qui rappelleraient des souvenirs fâcheux ; puissions-nous les effacer de notre mémoire ! Je me bornerai à dire que les Grands Officiers de l'Ordre Ecossais, les créateurs de la *Grande Loge Générale Ecossaise de France*, qui avaient grandement coopéré au *Concordat*, ayant

pris une connaissance approfondie des causes de la
désunion qui existait déjà ; des faits qui l'avaient provoquée ; ayant acquis enfin la conviction intime du *projet*
que *le G∴ O∴ de France* avait formé d'anéantir les
bases fondamentales du contrat d'union, se réunirent
au nombre de quatre-vingt-un, en assemblée générale,
le 6 septembre 1805 (ère vulgaire) ; le *Président* des
Travaux était le T∴ Ill∴ F∴ *Grand Administrateur-
Général du G∴ O∴* , Membre du Suprême Conseil
du trente-troisième degré ; il fut décrété, à l'unanimité,
que « *l'ancien Rit Ecossais n'était plus uni au Grand*
» *Orient, et que le Concordat du cinquième jour du*
» *dixième mois de l'an* 5804, *était regardé comme*
» *non avenu.* » Le 24 du même mois, un consistoire
du trente-deuxième degré fut organisé par le Suprême
Conseil.

» L'annullation du Concordat consolida encore la
haute considération dont jouit le Rit Ecossais sur les
deux hémisphères, et la suprême puissance, qui est
l'apanage légitime des Suprêmes Conseils, *d'après la
charte du premier mai* 1786, se trouva encore plus
affermie.

» Le 10 juin 1806, le T∴ Ill∴ F∴ , Grand-Commandeur *ad vitam*, comte de Grasse-Tilly, donna sa
démission de cette éminente qualité. Vous savez tous,
Tr∴ Ill∴ FF∴ , que, violant les statuts généraux de
l'Ordre, il fit hommage de cette première dignité maçonnique au premier Grand-Maître-Adjoint du Grand
Orient de France, le *T∴ Ill∴ F∴ prince Cambacérès* ; aucun de vous n'ignore les suites fâcheuses de
cet oubli total de nos lois ! Le premier juillet suivant,
le T∴ Ill∴ F∴ Cambacérès accepta la présidence du

Suprême Conseil, avec le titre honorifique qui la dé-
corait. Le 8 du même mois, il reçut le dernier Grade
de Souverain-Grand-Inspecteur-Général, et fut enfin
installé dans ses fonctions, le 13 août suivant.

» C'est ici, T∴ Ill∴ FF∴, que ma tâche est remplie, puisque nous n'avons pas à nous occuper de l'histoire de l'Ordre Écossais, mais bien de quelques faits
qui se rattachent à ce grand Procès, et que notre but est
d'examiner *diverses épisodes* de la *carrière maçonnique*
du comte de Grasse-Tilly.

» Maintenant, je vous le demande, T∴ Ill∴ FF∴,
est-il vrai que le Grand-Commandeur, *lui seul, de sa
propre autorité, exerçant un pouvoir souverain, tenant
en main l'Epée de commandement et le Sceptre de
l'Ordre*, soit le *créateur, sous son bon plaisir*, des
hauts Grades maçonniques qui ont été institués et ins-
tallés, en France, depuis 1804? Non sans doute, me
répondrez-vous : « Nous voyons bien, direz-vous, une
» coopération active du comte de Grasse-Tilly, dans
» *l'exécution de ce grand œuvre* ; mais nous sommes
» forcés de convenir qu'il a été contraint, *d'après les
» constitutions écossaises*, de confondre ses pouvoirs
» de Député-Souverain-Grand-Inspecteur-Général,
» trente-troisième degré, avec ceux des autres Députés-
» Souverains-Grands-Inspecteurs-Généraux, *ses égaux
» en droits et en pouvoirs*, qui étaient alors à Paris; nous
» proclamons que le Grand-Commandeur a sagement
» encore obtenu le concours et l'appui des PP∴ maçons
» écossais, qui existaient en grand nombre sur la sur-
» face de la France, et que c'est par la réunion, *en un
» seul pouvoir souverain, des attributions particulières*,
» de tous ces Ill∴ FF∴, qu'on est parvenu à conso-

(79)

» lider le Suprême Conseil ; à marcher de front et sur
» la même ligne que le Grand Orient de France , et
» qu'on a mis *en action réelle* , pour la France , la
» conception sublime de 1786 , qui crée un Sénat Ma-
» çonnique-Ecossais par chaque Etat ou Royaume. »

» J'ajouterai , T∴ Ill∴ FF∴ , que le Grand-Commandeur s'est bien donné de garde d'élever primitivement *la folle prétention* d'être le *Souverain* de l'Ordre ;
cette hérésie lui eût fait perdre , dès le moment
qu'elle eût été mise au jour , l'amitié , l'appui et le dévouement des Ecossais , et , par cette *utopie* et par
cette profession de foi erronée , coupable *et subversive
de nos institutions* , son premier pas vers l'envahisse-
ment du pouvoir absolu , au lieu de le conduire au
trône réservé à la souveraine puissance , l'aurait entraîné
dans le *tombeau* , qui engloutit toutes les idées de
grandeur et qui prouve le *néant* des conceptions humaines. Le comte de Grasse-Tilly , élevé *sur le pavois*
par nos efforts mutuels et constans , *illustré* par nos
glorieux travaux , n'a pu supporter une aussi grande
élévation , il s'est porté lui-même le coup mortel , en
voulant se servir du *Sceptre* et de l'*Epée d'Hérodom*,
qui ne peuvent être mis en mouvement que par le
concours de la volonté générale , et seulement par la
réunion des forces du Suprême Conseil.

»Son successeur lui avait cependant donné l'exemple de
la modération de l'exercice d'un pouvoir constitutionnel ;
il lui avait montré que si la *première dignité* d'un ordre
est l'*emblême de la puissance* , elle est aussi *l'image
vivante de la soumission aux lois*. Le décret du Suprême Conseil rendu , sous la présidence du prince
Cambacérès , en 1813 , reproduit cette vérité éternelle

que : « *Dans le Suprême Conseil réside la puissance*
» *suprême ; que le Suprême Conseil peut tout faire pour*
» *le gouvernement et l'administration de l'Ordre sans*
» *la participation immédiate du Grand-Commandeur,*
» *qui est le président de ses travaux, et que lui, au*
» *contraire (le Grand-Commandeur), ne peut rien*
» *isolément et doit obtenir une délibération du Suprême*
» *Conseil, rendue à la pluralité des voix, pour exercer*
» *un pouvoir légal.* »

(Voyez le Livre d'Or du Suprême Conseil, pour la
France, année 1813, ère vulgaire.)

» Vous savez tous, Tr∴ Ill∴ FF∴, que le Suprême
Conseil d'Amérique, éloigné, momentanément et par
les circonstances de la guerre, du lieu de sa juridiction,
était la seule autorité souveraine maçonnique et compé-
tente qui existât en France en 1804 ; vous avez vu que
c'est aussi avec plusieurs membres de ce Sénat maçonnique que le comte de Grasse-Tilly, son président,
éleva dans la mère-patrie un deuxième Suprême Conseil ; dès lors il se trouva, à Paris, deux Suprêmes
Conseils : 1° Celui dont je viens de parler ; 2° Le nôtre,
institué primitivement pour les possessions françaises en
Amérique ; notre Suprême Conseil est *la souche* pri-
mitive du 33e∴ degré, il est *le tronc* de l'arbre maçonnique écossais d'où sont *sortis, légitimement,* tous ces
rameaux qui ombragent les *autels d'Hérodom,* institués successivement au pied du *Mont Etna ;* auprès du
Capitole baigné par les eaux du *Tibre ;* dans *la ca*-
pitale du royaume des Lombards ; en *Espagne ;* en
Portugal (dans *les palais de l'Inquisition* abattue) ;
et enfin dans le pays du *peuple Belge.*

» Des événemens politiques, des causes étrangères à

l'Ordre ont occasionné la suspension des travaux de plusieurs de ces ateliers de perfection. Le Cons∴ des P∴ du R∴ S∴ qui siégeait à Paris, s'est réuni et s'est confondu depuis long-temps avec la cinquième chambre de notre Suprême Conseil ; celui pour la France est plongé dans un sommeil si léthargique, depuis nombre d'années, que, ni les discussions que nous avons été obligé de soutenir avec le Grand Orient de France, pour défendre nos droits ; ni l'aspect des dangers que l'art royal a courus, n'ont pu le *réveiller* et qu'il a été *sourd à nos prières*, *à nos demandes* et à nos réquisitions récidivées, de se réunir à nous pour conserver *la splendeur* du *Rit* et de la *Bannière* écossaise. Privé de son président (depuis 1815), il voit encore plusieurs de ses membres dispersés *et errans loin de leur patrie*, et ces circonstances urgentes nous ont forcés à pourvoir au gouvernement de l'Ordre ; nous qui sommes les gardiens du feu sacré et qui possédons, par le fait, la puissance souveraine, dont l'exercice n'a jamais été interrompu depuis notre arrivée à *Paris*.

» Au milieu de cette tiédeur coupable, de cette impuissance réelle, en butte à des attaques multipliées, le Sup∴ Cons∴ d'Amérique *est resté debout*, dans une attitude imposante, entouré des débris des Temples qui se sont écroulés ; il a défendu, avec *l'épée d'Hérodom*, nos statuts et réglemens constitutifs de 1762 et 1786 ; le drapeau royal, qui flotte sur son autel, a servi de signe de ralliement aux vrais Ec∴ ; il les a toujours guidés dans le chemin de l'honneur et de la perfection ; exerçant un gouvernement *de fait et de droit*, il avait bien voulu conserver à sa tête le Tr∴ Ill∴ F∴ comte de Grasse-Tilly, il avait mis entre les mains du Grand-Commandeur les moyens de faire cesser le *schisme*, il lui avait donné la possibilité *de réunir tous les Rits* ; il dépendait de lui de ramener, dans le sein paternel, ces enfans égarés qui aspirent à rentrer dans le berceau qui les a vus naître ; le président de ses travaux avait, à sa disposition, la force, les droits, le pouvoir suffisant pour rétablir, de concert avec le Suprême Conseil, une seule autorité suprême en France. Ce *Sénat* maçonnique aurait réuni dans un *seul centre commun* tous ces *rayons épars et divergens* qui perdent de leur *éclat lumineux* en s'éloignant du *foyer*. Les ouvriers du Temple de Salomon, n'apercevant plus qu'un seul *phare conducteur*, n'auraient plus *erré*, à l'aventure, au milieu de ce *labyrinthe de grades*, de *Rits* et d'autorités maçonniques.

Le Grand-Commandeur a voulu continuer de suivre les écarts de son ambition aveugle, et il est devenu encore plus coupable envers le Suprême Conseil. En vain le T.˙. Ill.˙. F.˙. comte de Grasse a cru acquérir de nouveaux droits en se faisant proclamer une seconde fois Grand-Commandeur et Président du Suprême Conseil, dans la séance du 27 novembre 1817 (ère vul.˙.), toutes sections réunies. Il a lui-même creusé la tombe de son ambition. Ecoutez à quelles conditions sa place dût lui être conservée à l'avenir ; lisez le *sine quâ non* : « *Toutes* » *les sections du Suprême Conseil déclarent qu'elles lui* » *obéiront* tant qu'il ne leur prescrira rien de contraire » aux statuts de l'écossisme, et tant que sa conduite » MAÇONNIQUE et CIVILE sera telle qu'elle a été jusqu'à » présent, c'est-à-dire celle d'un BON MAÇON, d'un » HOMME D'HONNEUR, attaché à ses principes, et fidèle » à sa patrie, ainsi qu'à l'auguste prince qui règne sur » la France. »

(85)

(*Voyez* le tracé des travaux du Suprême Conseil du
27ᵉ jour du 7ᵉ mois appelé *Thebeth*, de l'an de la vraie
lumière 5817).

Le T∴ Ill∴ F∴ comte de Grasse-Tilly a-t-il exécuté
le nouveau *contrat syllanagmatique* signé entre lui et
le Suprême Conseil? *Non sans doute*, T∴ Ill∴ FF∴,
le Grand-Commandeur a continué d'agir en *maître absolu*; il *a foulé* aux pieds *le code* des maçons; il *a régi*
l'ordre comme s'il *eut été le seul au monde* ayant des
pouvoirs pour le *gouverner*; il s'est rendu *coupable* de
nouveaux délits; il a refusé de se *soumettre* à vos derniers *réglemens* que vous avez tous juré d'observer; il
s'est mis en *révolte* contre l'autorité légitime; il s'est joint
à deux ou trois *discidens*, et s'est *proclamé* leur chef;
il a *cherché* à désunir le Suprême Conseil; il a *tenté* de
s'emparer de ses *droits*; il a *corrompu* quelques-uns de
ses membres; il a enfin remis *en émission* un *assignat*
démonétisé et par conséquent sans valeur.

Suspendons un moment ces réflexions, et écoutons
le T∴ Ill∴ F∴ comte de Grasse-Tilly. Il dit dans son
» délire: « *Ego sum Papa* (je suis *Souverain-Maître*).
» Un Inspecteur-Général, qui arrive dans un pays où
» il n'existe pas de Suprême Conseil, a le droit d'en
» *créer un* avec le concours des Inspecteurs-Généraux,
» qu'il reçoit à cet effet, s'il ne s'en trouve pas. Alors
» ce *noyau* sert de racine au nouvel arbre maçonnique.
» Je ne vous reconnais plus pour Suprême Conseil,
» (continue le comte de Grasse-Tilly); donc il n'y en a
» plus; donc je me trouve dans le cas prévu par les
» constitutions de 1786; en conséquence je me nomme
» Grand-Commandeur d'un nouveau Suprême Conseil
» que j'institue. Je le compose du T∴ Ill∴ F∴ J......z,

» que vous avez rayé de votre tableau, parce qu'il ne
» payait pas ses quotités ; du T∴ Ill∴ F∴ B.....t, qui
» a signé vos nouveaux réglemens, après avoir pris une
» part active à leur rédaction. Je sais bien qu'il est
» *parjure* ; mais je n'y regarde pas de *si près* ; j'y fais
» figurer le T∴ Ill∴ F∴ Lieutenant-Grand-Comman-
» deur J.-B. M. D......e, qui a signé le premier vos
» statuts ; mais comme il est mon beau-père, il ne
» réclamera pas contre cette insertion. J'orne ma liste
» de noms illustres et faits pour commander la considé-
» ration publique ; que ces éminens personnages accep-
» tent ou non, il n'importe ; il convient à mes projets
» de les faire figurer dans ma comédie. Si ma ruse est
» découverte, j'en serai quitte pour dire que je me
» suis *trompé* ; c'est ce dont je suis convenu tant
» de fois. Je m'attends à la protestation du comte de
» C........e, qui se trouve sur ma nomenclature ; à celle
» du duc de G....e, qui a déjà signé vos réglemens ;
» à celle du duc de G.....t, qui vous a écrit officielle-
» ment dans votre avant-dernière tenue. J'ai déjà con-
» naissance des déclarations de plusieurs personnes que
» j'ai portées et fait signer sur les *tracés* des 18 août
« et 3 septembre derniers ; je sais qu'elles désavouent
» s'être montrées dans mes réunions, et que, dans le nom-
» bre de ceux qui s'inscrivent en faux, se trouve le T∴
» Ill∴ F∴ V.......e, ancien payeur-général aux armées,
» et mon trésorier du Saint-Empire ; mais qu'est-ce que
» tous ces désaveux me font ? Je ne connais aucun
» obstacle capable de m'arrêter, quand il s'agit d'ins-
» pirer de la confiance. Ma liste ressemble à l'affiche de
» spectacle qui annonce des choses merveilleuses, pour
» attirer des spectateurs, et qui ne remplit cependant

» aucune des promesses qui y étaient imprimées. Afin
» d'allonger mon tableau, j'ai initié plusieurs personnes
» *à nos mystères*; je les ai revêtues des plus hauts grades
» et classées ensuite, non d'après leurs connaissances
» maçonniques, mais en raison de leur rang dans le
» monde. Je conviens que vous m'objecterez que l'aug-
» mentation de salaire, que la nomination aux dignités
» maçonn.·. ne peuvent dépendre *du nombre d'échelons*
» que le hasard ou le mérite ont fait *franchir* sur l'échelle
» sociale. Mais où en serais-je, si je devais m'arrêter à
» toutes ces considérations ? Il faut que j'essaie d'exécu-
» ter mon projet ; *réussir* est *tout* pour moi ; *tous les*
» *moyens* me sont bons. J'ai été tenté *d'ajouter* sur le
» tableau de mon Suprême Conseil le nom de l'Ill.·.
» F.·. *de Quezada*, quoiqu'il ait participé à la rédaction
» de vos statuts, et qu'il en soit le deuxième signataire.
» Il a déposé dans mes mains une pièce qui désavoue
» qu'il ait coopéré à *l'acte du 26 août* 1818, qui *ordonne*
» ma mise en jugement, et qui me suspend provisoire-
» ment de mes fonctions. Je sais bien qu'il n'est pas
» étranger à votre décret, puisqu'il a signé la *feuille de*
» *présence*, qui, *par votre délibération*, devait suppléer
» au tracé de votre arrêté, non encore rédigé. Cette asser-
» tion calomnieuse méritait bien une récompense; mais
» *l'imposture et le parjure* sont beaucoup trop quand
» ils se trouvent réunis sur la même tête, et je suis
» contraint de me priver de ce maçon qui aurait fait
» nombre. Il a pris, il est vrai, un faux fuyant pour
» se soustraire à la punition méritée et probablement
» vous l'éliminerez ; je vous *l'abandonne*, il n'est
» pas de ma *communion*, et se trouvera ainsi rejeté
» des deux côtés. Enfin il me fallait un Lieutenant-

» Commandeur. De qui pouvais-je être plus sûr que
» de celui à qui j'ai donné le *baptéme* maçonnique,
» que j'ai élevé *moi seul au* 33°∴ *degré*, que j'ai conduit
» ensuite dans votre temple pour y faire son noviciat ?
» J'ai voulu en vain vous le faire recevoir *de ma main*
» *souveraine* ; vous avez refusé ce bienfait ; le T∴ Ill∴
» F∴ B...n de F....g est donc le deuxième Grand-Di-
» gnitaire de mon atelier. Il doit le croire, parce que
» je le lui ai dit. Je....... »

» Interrompons ce *soliloque* du comte de Grasse-
Tilly, et achevons notre tâche, quelque pénible qu'elle
soit à remplir.

» Etes-vous compétens pour juger le Grand-Commandeur ? Tel est l'argument qui vous a été opposé.

» Le T∴ Ill∴ F∴ comte de Grasse-Tilly *n'est pas*
Grand-Commandeur de l'Ordre, il est seulement le
Président du Suprême Conseil ; son *grade* est le trente-
troisième degré ; il n'a *aucune prérogative particulière*;
ainsi il *doit* et *peut* être *jugé* par ses pairs, réunis en
Suprême Conseil. Ce droit incontestable a été prouvé,
jusques à l'évidence, par les Ill∴ FF∴ qui viennent d'é-
clairer cette question. Je vous ai cité également *six exem-*
ples tirés des Hist∴ Maçonniques ancienne et moderne ;
l'un concerne un *grand-maître réel* et non *chimérique* ;
les cinq autres sont relatifs à des Maçons *égaux en*
droits, en pouvoirs, en grades au T∴ Ill∴ F∴ comte
de Grasse-Tilly.

» Pouvez-vous juger le Grand-Commandeur, puisqu'il ne s'est pas rendu à la réquisition qui lui a été
faite, à trois reprises différentes et suivant les formes
maçonniques ?

» Vous en avez le droit, et vous le pouvez sans aucun scrupule. Le comte de Grasse-Tilly a une parfaite connaissance de sa mise en jugement ; il sait très-bien que c'est aujourd'hui que vous devez prononcer votre arrêt.

» Souvenez-vous du *pamphlet* manuscrit et calomnieux, signé de lui, qu'il a répandu avec profusion et distribué même à des *profanes* ; lisez ce que les *disci-dens* appellent l'*Extrait de leur Livre d'Or*, sous la date du 18 août dernier. Cette brochure a été burinée au nombre de *trois mille exemplaires*, et a été envoyée, par la poste, à chacun de nous, en omettant les précautions usitées pour la mettre à l'abri d'un œil étranger à nos mystères.

» Le comte de Grasse-Tilly a pris le soin particulier de préparer, à l'avance, et de répandre ses moyens de justification ; il les a résumés dans un écrit portant ce titre : *Extrait du Livre d'Or* (3 *septembre courant*). Cet écrit est signé de lui et officiel ; il a été distribué, dans les parvis du Temple, avant la séance, et le T∴ Ill∴ F∴, *défenseur d'office*, en a reçu (*de sa part*) un exemplaire timbré et signé.

» Vous avez donc pourvu à tout. Le comte de Grasse-Tilly assiste à vos débats, puisqu'il a *envoyé un Mémoire présentant ses moyens de défense* ; aucune règle n'a été omise ; toutes les formalités ont été remplies, ainsi que tous les actes qui *intéressaient l'accusé*.

» Les Corps maçonniques n'ont, vous le savez, T∴ Ill∴ FF∴, aucune autorité hors de l'enceinte de leurs Temples ; il n'ont donc pas de moyens réels, et à leur disposition, comme la justice civile, pour forcer *un prévenu* à comparaître devant eux pour être jugé ; et jamais un procès ne pourrait s'achever si la présence de *l'accusé* était indispensable aux débats. S'il en était ainsi, quel est l'homme sensé qui voudrait faire partie d'une *société* dans laquelle on pourrait impunément *commettre tous les délits*, puisqu'il suffirait de refuser *de comparaître en personne*, pour se mettre *à l'abri* d'une punition justement méritée.

» J'en ai assez dit sur les deux points qui précèdent. Il est de la dernière urgence, Tr.·. Ill.·. FF.·., de mettre des bornes à cette fallacieuse audace ; il faut éclairer *les Maçons recommandables*, égarés momenta-nément, et qui sont les *victimes* de ce *trafic prohibé par nos lois. Signalons* à l'opinion ces colporteurs qui ne cherchent qu'à avilir la Maçonnerie ; que le grand exemple d'une justice, aussi nécessaire qu'elle doit être prompte, apprenne aux imprudens qu'on ne cherche pas impunément à *élever autel* contre *autel*, et que le sacrilège encourt les punitions les plus sévères.

» Tout ce que le comte de Grasse-Tilly a pu faire est *nul, irrégulier* et *anti-maçonnique*. Vous êtes, T.·. Ill.·. FF.·., les Souverains-Grands-Inspecteurs-Gén.·. trente-troisième et dernier degré, ayant le pouvoir administratif, législatif et exécutif de l'Ordre Ecossais. Les registres des délibérations, *votre véritable Livre d'Or*, les timbres et sceaux, les planches gravées, le drapeau royal, les insignes, les symboles de la puissance, tout le matériel du Suprême Conseil, depuis sa création, sont demeurés dans vos mains ; *aucun de vos Officiers dignitaires* titulaires, *aucun* des *anciens Inspecteurs - Généraux* ne vous a abandonné, et vos rangs ne se sont éclaircis que de ceux que vous avez *éliminés* ; que de ceux que vous en avez exclus provisoirement ; que de ceux enfin qui se sont *hâtés* de se rendre *justice*, pour qu'elle ne leur fut pas faite.

(89)

» Mais , puisque le T∴ Ill∴ F∴ comte de Grasse-
Tilly est possédé de *la manie de créer* des Maçons et
des Suprêmes Conseils , qu'il tourne ses regards vers
l'Asie et *l'Afrique* ; il y trouvera un vaste champ pour
ses spéculations maçonniques. Là , au milieu de ces
innombrables peuplades , qui couvrent ces vastes con-
trées , il instituera autant de Sénats Maçonniques qu'il
rencontrera de *hordes* ou de *tribus* particulières ; là ,
tout à son aise , il exercera son pouvoir souverain et
despotique. Une seule chose est à redouter pour lui ,
c'est la rencontre d'un *despote à couleur noire* , encore
plus *despote* que le Grand-Commandeur , et qui , sans
vouloir l'entendre, lui prouverait que *chacun est maître
chez soi* , et que , pour se dire *souverain* , il faut en
avoir la puissance *réelle*.

» Vous seuls , T∴ Ill∴ FF∴ , possédez le droit et
le pouvoir de *délivrer* des *patentes* , *constitutions* et
chartes aux Loges et Chapitres ; vous seuls pouvez
initier dans les hauts Grades. *Votre Livre d'Or* contient,
à la suite des *Réglemens constitutifs de* 1762 et 1786 ,
vos nouveaux *Statuts*, ce qui est le *complément du Code
Ecossais.* Au bas se trouvent les signatures *des Inspecteurs-Généraux* ; des Maçons de *tous les Grades* , qui
font partie du Suprême Conseil , dans chacune de ses
Sections ; ensuite on a inscrit le serment des *Loges* et
des *Chapitres* de la correspondance , qui se sont em-
pressés de *venir* jurer obéissance à des Réglemens qui
sont *faits* dans *l'intérêt de tous*, et non au *profit de telle*
ou *telle personne* , ou *prétention particulière.*

» Permettez-moi une hypothèse, T∴ Ill∴ FF∴ :
Je suppose qu'un *fou* , échappé de *Charenton* , se per-
suade qu'il est *Roi de France* , et que , dans son délire ,

il délivre des diplômes, nomme à des places, décore des
signes de l'honneur quelques personnes crédules, se
compose un ministère ; le tout à l'aide de quelques
vieux parchemins, dont on n'aurait pu vérifier ni le
contenu, ni l'exactitude, ni découvrir la fausseté ;
croyez-vous que ces hommes, victimes de l'imposture
et de la folie, seraient en droit de *revendiquer* les places,
dignités, décorations et prérogatives dont leur trop de
crédulité et une ambition indiscrète auraient bercé leurs
rêves creux ? Pensez-vous qu'on leur laissât prendre,
porter et exercer des titres et emplois donnés par ce
fou ? Non certainement, vous empresserez-vous de répondre. Je suis entièrement de cet avis : l'autorité
légitime intimerait défense, à ces personnages trompés,
de se servir, de quelque manière que ce fût, des patentes qui leur auraient été délivrées, et s'ils ne tenaient
pas compte de cette injonction, elle les ferait punir ju-
ridiquement comme fauteurs ou complices d'un impos-
teur atteint de folie ; et, quant à cet *échappé des
Petites-Maisons*, il y serait renvoyé, avec toutes les
précautions d'usage, pour empêcher à l'avenir la répé-
tition d'une farce qui n'offre pas de dangers, quand elle
se joue devant un public éclairé ; mais qui peut séduire
la multitude, toujours portée à une crédule confiance.

» Ce *fou*, dont je viens de parler, c'est le comte de
Grasse-Tilly ; ces *hommes trompés* sont les Maçons à
qui il a *octroyé* des patentes ; *l'autorité légitime*, c'est
le Suprême Conseil, qui va punir cet *insensé*, et dont
la décision sera approuvée par le peuple maçon.

» Telle est la conduite du Grand - Commandeur ;
telle est la position dans laquelle il s'est placé, *par sa
faute*.

» Attaquer maintenant, avec de nouvelles preuves, le T∴ Ill∴ F∴ accusé, ce serait déloyal. Lorsqu'un homme est terrassé, on ne lui porte plus de coups. Le comte de Grasse - Tilly voit sa puissance usurpatrice rendre le dernier soupir, et il n'a pas la consolation de pouvoir répéter, avec le modèle de l'héroïsme et de la chevalerie : « *Tout est perdu fors l'honneur.......* » Je l'abandone à ses *remords.*

» Vos opinions doivent être formées, T∴ Ill∴ FF∴; c'est l'instant de descendre dans vos consciences, de ne céder à aucune crainte, ni suggession haîneuse ou étrangère ; n'écoutez que l'équité. Vous avez dans vos mains le glaive de Thémis, pour *défendre* l'accusé , *s'il est innocent,* pour le *punir, s'il est coupable. Prononcez,* et prescrivez que le Jugement que vous allez rendre, soit buriné à la suite de vos *Statuts ,* afin que chaque Maçon, ayant à sa disposition *le Code de ses devoirs et de ses droits ,* apprenne quel est le sort qui lui est réservé, si la voix séduisante de l'ambition l'entraînait un jour dans des entreprises anti-maçonniques.

» Un roi de Perse, ayant à venger une insulte qui lui avait été faite par *le peuple grec,* avait ordonné que, chaque jour, à son réveil, un héraut vint lui dire : « *Souviens-toi des Grecs !* »

» Qu'il en soit de même parmi nous, T∴ Ill∴ FF∴; empêchons que les causes de ce grand procès ne se reproduisent, et, pour atteindre ce but, plaçons constamment, devant les yeux de chaque enfant de la V∴ Lum∴, *la conduite illégale* du Grand-Commandeur, et la *juste punition* qui lui a été infligée.

» Je me réserve de donner mes conclusions lorsque le Suprême Conseil aura prononcé sur les *six questions*

qui vont lui être soumises, et qui décideront si le T∴
Ill∴ F∴ comte de Grasse-Tilly est *innocent* ou *coupable* des délits qui lui sont imputés.

« Que le Grand Architecte de l'Univers préside à
» votre décision ! »

———

Cette lecture terminée, le Tr∴ Ill∴ Président pose,
ainsi qu'il suit, les questions sur lesquelles le Suprême
Conseil est appelé à prononcer :

Première Question.

« Est-il constant que le Tr∴ Ill∴ F∴ comte de
Grasse-Tilly se soit, à plusieurs reprises, rendu coupable d'abus d'autorité ?

Deuxième Question.

» Est-il constant que le Tr∴ Ill∴ Fr∴ comte de
Grasse, ayant agi dans diverses circonstances en maître
absolu de l'Ordre, ait ainsi usurpé les droits et pouvoirs
du Suprême Conseil ?

Troisième Question.

» Est-il constant que le Tr. Ill∴ Fr∴ comte de
Grasse se soit approprié des fonds appartenant au Suprême Conseil, ou qu'il ait pu en recevoir au moyen
des patentes qu'il se faisait délivrer en blanc ?

Quatrième Question.

» Est-il constant que le Tr∴ Ill∴ F∴ comte de
Grasse abuse, maintenant encore, du titre de Grand-
Commandeur pour créer un nouveau Suprême Conseil ?

Cinquième Question.

» Est-il constant que le Tr∴ Ill∴ F∴ comte de
Grasse ait imposé une taxe arbitraire de deux francs, à

son profit , pour l'apposition de ses armes sur les diplômes , brefs ou patentes ?

Sixième Question.

» Est-il constant que le Tr∴ Ill∴ Fr∴ comte de
Grasse ait refusé de se soumettre aux statuts et réglemens adoptés par le Suprême Conseil , et qu'il ait fait
protester , en séance , contre ces mêmes réglemens ? »

Le nombre des Grands-Inspecteurs-Généraux ayant
voix délibérative , est de vingt-trois , sans y comprendre
les Tr∴ Ill∴ FF∴ Amadieu et Manjot jeune , qui ne
voteront point.

La majorité devant se régler par les deux tiers des
suffrages , en raison de la dignité éminente de l'accusé ,
seize voix sont nécessaires pour la composer.

Les votes se recueillent par assis et levé , épreuve
et contre-épreuve.

Le plus grand silence règne.

Les votes sont unanimes pour l'affirmative sur les
première , deuxième et quatrième questions.

L'affirmative , sur la troisième question , est résolue
par la majorité de dix-neuf voix contre quatre ; les Ill∴
FF∴ Tissot , Châtenet , Boucher et Richard , ayant
voté pour la négative.

L'affirmative, sur la cinquième question , est décidée
à la majorité de vingt voix contre trois ; les Ill∴ FF∴,
Tissot , Boucher et Richard , ayant voté négativement.

Enfin l'affirmative , sur la sixième et dernière question , est votée à la majorité de vingt-deux voix contre
une , le F∴ Richard ayant seul émis un vote négatif.

Le Tr∴ Ill∴ Président , vice-amiral , comte Allemand , annonce à la chambre que les questions ayant été
résolues affirmativement par le Suprême Conseil du

33e.·. degré, le Tr.·. Ill.·. Fr.·., baron de Marguerittes, troisième Grand-Conservateur, tenant le banc du Grand-Orateur, va donner ses conclusions, pour l'application de la peine.

Ces conclusions sont ainsi conçues :

CONCLUSIONS

Du Tr.·. Ill.·. F.·. troisième Grand-Conservateur de l'Ordre.

« Je conclus, Tr.·. Ill.·. FF.·., à ce qu'il soit décrété ce qui suit :

Article premier. Le Tr.·. Ill.·. F.·. *comte de Grasse-Tilly* est *déchu et destitué* de sa dignité de *Grand-Commandeur*, AD VITAM, du Suprême Conseil pour les possessions françaises de l'Amérique, et de toute autre dignité dont il aurait été revêtu.

Art. 2. Le Tr.·. Ill.·. F.·. comte de Grasse est *dégradé* de toute espèce de rang, titre et emploi maçonniques et notamment de ses fonctions de Souverain-Grand-Inspecteur-Général, 33e.·. degré. Son nom sera effacé de suite de tous les tableaux sur lesquels il est porté.

Art. 3. *L'entrée* de tous les Temples écossais lui est *interdite* à jamais.

Art. 4. Il est défendu à tous les Maçons de *reconnaître*, à l'avenir, le Tr.·. Ill.·. F.·. comte de Grasse-Tilly dans aucune des dignités ou grades qu'il possédait, de lui *obéir* directement ni indirectement, et de lui *prêter aucun serment.*

Art. 5. Tout *Maçon* qui *enfreindrait* désormais l'article précédent serait, par ce *seul fait, déclaré traître* à l'Ordre et condamné aux mêmes peines, comme fauteur et complice du Tr∴ Ill∴ F∴ comte de Grasse-Tilly.

Art. 6. Les fonctions de Grand-Commandeur seront remplies par le Tr∴ Ill∴ F∴ *J. B. M. Delahogue*, Lieut∴ Gr∴ Comm∴, *ad vitam*, pour l'Am∴, jusqu'à ce que le Suprême Conseil ait *nommé un Grand-Commandeur, pro tempore ou titulaire.*

Art. 7. *Le Tribunal* des Grands-Inquisiteurs-Commandeurs *continuera* ses informations, pour *constater* les *abus* qui pourraient se *commettre encore*, tant *au nom du Tr∴ Ill∴ F∴ comte de Grasse-Tilly, que de tous autres*, et s'il *découvre des délits* qui soient en contravention aux statuts généraux de l'Ordre et principalement à ceux du 14 juillet dernier*, ledit *Tribunal* en fera *son rapport* au Suprême Conseil qui ordonnera, dans sa sagesse, les mesures de *repression* que les circonstances exigeront.

Art. 8. Le jugement sera *buriné* au nombre de *sept mille exemplaires*, envoyé, sans délai, aux Suprêmes Conseils de *Prusse*, de *Belgique*, d'*Italie*, d'*Espagne*, d'*Amérique* méridionale et septentrionale, aux *Consistoires* établis aux *Cayes Saint-Louis (Ile Saint-Domingue)* et à *Kings-Town*, *(Ile de la Jamaïque)*; enfin à *tous les autres Suprêmes Conseils, Grands-Orients, Consistoires, Tribunaux, Aréopages et Conseils de* K∴ H∴, *Souv∴ Chapitres* tant ordinaires que métropolitains*, Loges, etc.* nationaux et étrangers. Il restera *placardé dans les ateliers* de la correspondance du Suprême Conseil pendant l'espace de *quatre-vingt un mois*, et il en sera *donné un exemplaire* à chacun des membres de toutes les *sections* du Suprême Conseil.

ART. 9. Le jugement sera signifié au T.·. Ill.·. F.·. comte de Grasse-Tilly , à la diligence du *T.·. Ill.·. F.·. Langlois de Chalangé*, chef du secrétariat général de l'Ordre, nommé d'office à cet effet.

Le Tr.·. Ill.·. Président annonce qu'il va mettre aux voix l'approbation ou le rejet des conclusions prises par le Tr.·. Ill.·. F.·. 3e.·. Grand-Conservateur.

L'Ill.·. Fr.·. Richard demande qu'au préalable il soit voté divisément et séparément sur chacune des neuf parties ou des articles du dispositif proposé.

Cette demande , mise aux voix , est rejetée à la majorité suffisante de seize votes contre sept.

Le Tr.·. Ill.·. Président met ensuite aux voix l'adoption ou le rejet des Conclusions , prises par le Tr.·. Ill.·. Fr.·. troisième Grand-Conservateur , pour l'application de la peine.

Ces Conclusions sont adoptées à la majorité de dix-neuf votes contre quatre et le Tr.·. Ill.·. Président prononce , au nom du Suprême Conseil, l'Arrêt dont la teneur suit :

VU les statuts généraux de 1786 , et principalement les articles 5 , 9 , 10 , 12 et 17 , conçus en ces termes :

« ART.·. 5. Chaque Conseil Suprême est composé de
» neuf Inspecteurs-Généraux dont cinq doivent professer
» la religion chrétienne. Trois des membres, si le
» Grand-Commandeur et le Lieutenant-Grand-Com-
» mandeur sont présens, peuvent procéder aux affaires
» de l'Ordre et former le conseil complet. Il n'y aura
» qu'un conseil de ce grade dans chaque nation ou
» royaume en Europe ; deux dans les Etats-Unis de
» l'Amérique, aussi éloignés que possible l'un de l'autre ;

» un dans les îles Anglaises de l'Amérique et deux dans
» les îles Françaises.

» ART. 9. Aucun Député-Inspecteur ne peut faire
» usage de ses pouvoirs dans un pays où sera établi un
» Conseil Suprême d'Inspecteurs-Généraux, à moins
» qu'ils ne soient approuvés dudit Conseil.

» ART. 10. Aucun Député-Inspecteur, ci-devant
» reçu, ou qui peut l'être par la suite, en vertu de
» cette constitution, n'aura le pouvoir d'accorder des
» certificats, ni de donner le grade de K⸫ H⸫, ou
» des grades au-dessus.

» ART. 11. Le grade de K⸫ H⸫ et celui de
» Prince de Royal-Secret ne seront jamais donnés
» qu'en présence de trois Souverains-Grands-Inspec-
» teurs-Généraux.

» ART. 12. Le Suprême Conseil exercera tous les sou-
» verains pouvoirs maçonniques dont son auguste majesté
» Frédéric II, roi de Prusse, était revêtu, et lorsqu'il
» sera convenable de protester contre les prétentions
» de Députés-Inspecteurs comme illégales, information
» sera prise et envoyée à tous les Conseils Suprêmes du
» Monde ».

» ART. 17. Un Inspecteur-Général ne possède
» aucun pouvoir individuellement dans un pays où est
» établi un Conseil Suprême, parce que la majorité
» des voix est nécessaire pour rendre ses procédés lé-
» gaux, excepté en vertu de patentes accordées spécia-
» lement par le Conseil et pour la Commission ».

Vu les *usages* et *coutumes* adoptés et consacrés dans la
maçonnerie, et ayant, par conséquent, *force de loi*, lesquels usages et coutumes se rapportent spécialement aux
punitions, peines ou *condamnations* à infliger ou à pro-

7

noncer envers des *maçons* reconnus coupables de délits ;

Vu les réglemens et statuts généraux et particuliers des différens degrés *du Rit*, et *notamment* ceux du 16°.·. (Prince de Jérusalem), du 18°.·. (Souv.·. P.·. R.·. Cr.·.), du 28°.·. (Grand-Ecos.·. de Saint - André d'Ecosse), du 30°.·. (Ch.·. de K.·. H.·.), du 31°.·. (Grand-Inquisiteur-Commandeur), et du 32°.·. (Sub.·. et vaillant Prince du Royal-Secret), etc., etc.

Vu les statuts du 14 juillet 1818, approuvés en Suprême Conseil, le 31 du même mois et sanctionnés, toutes sections réunies, le 22 août suivant, et notamment les articles 4, 5 et 16 du chapitre 1er; l'art.·. 6 de la 1re section du chapitre 2 ; les articles 2 et 3 de la 2e sect.·. du même chap.·. ; l'art.·. 2 de la 5e sect.·. du chapitre 3 ; les art.·. 3, 9 et 10 du chapitre 5 ; les art.·. 4, 6 et 7 du chapitre 20 ; et enfin l'article 1er du chapitre 23 de ces mêmes statuts, savoir :

CHAPITRE PREMIER. *Article quatre.* Le gouvernement de l'ordre réside dans un Suprême Conseil, qui en est le souverain, le législateur et l'administrateur (articles 8 et 12 des Constitutions, Statuts et Réglemens du 1er mai 5786). Il réunit, en lui seul, tous les pouvoirs, et régit l'Ordre au moyen de cinq Sections, etc.

Article 5. Conformément au troisième paragraphe de l'article 5 des constitutions de 5786, ainsi conçu : « Il ne peut exister qu'un Suprême Conseil dans chaque » nation ou royaume en Europe ; » le Suprême Conseil pour la France, l'Amérique, etc., déclare illégitime et irrégulière toute association qui se permettrait d'usurper ce titre, et fait défense à tous les maçons Ecossais de la reconnaître et de lui obéir.

(99)

Art. 6. Le Suprême Conseil qui possède tous les souverains pouvoirs maçonniques (article 12 des constitutions de 5786), a seul le droit de constituer en France, au Rit Écossais, ancien et accepté, des Loges, Chapitres, Collèges, Conseils, Tribunaux et Consistoires. Tout atelier de ce genre qui méconnaîtrait son autorité, serait irrégulier.

CHAP. II. Sect. 1re. *Art.* 6. Le Suprême Conseil ne peut admettre dans son sein que des Souverains-Grands-Inspecteurs-Généraux reçus, régularisés ou reconnus par lui, et payant annuellement leurs quotités, ainsi que cela est déterminé par le chap. 11, art. 9. Ses décisions, prises à la majorité simple, seront bonnes et valables.

CHAP. II. Sect. 2. *Art* 2. Le grade de 33e.·. ne sera conféré qu'en Suprême Conseil assemblé.

Art. 3. Aucun 33e.·. ne peut exercer de pouvoir individuel, s'il n'a reçu du Sup.·. Cons.·. l'autorisation spéciale pour le faire (art.·. 17 des réglemens de 5786).

CHAP. 3. Sect. 5. *Art.* 2. (relatif au Tribunal des Grands-Inquisiteurs-Comm.·.) Ses attributions sont de connaître de tous les délits maçonniques qui peuvent se commettre soit dans les Loges, soit dans les Chapitres, soit dans les Conseils de K.·. H.·., soit enfin dans les Tribunaux sous la dépendance du Suprême Conseil; de redresser même les torts des trois sections inférieures; de statuer sur toutes les plaintes, questions ou demandes qui pourront lui être adressées, sauf appel au Suprême Conseil.

CHAP. V. *Art.* 3. Le Grand-Commandeur étant le *primus inter pares*, a sa voix comme les autres Inspecteurs-Généraux, en cas de partage, il en a deux (article 17 des statuts de 5786).

Art. 9. Si le délit (chose qui n'est pas probable)
était commis par un grand-dignitaire *ad vitam*, le rapport en serait fait à l'un des Grands-Conservateurs,
qui alors réunirait tous les autres grands-dignitaires, et
délibérerait avec eux sur le fait de savoir s'il y a lieu
à donner suite à la plainte. Dans le cas d'affirmative,
l'acte d'accusation serait rédigé et signé par, au moins,
trois de ces grands-dignitaires, dont un Grand-Conservateur, remis ensuite au grand Tribunal des Inquisiteurs,
pour faire toutes les enquêtes et informations nécessaires, donner son avis et le renvoyer, après la procédure
suffisamment instruite, au Suprême Conseil, pour en
décider.

Art. 10. Aucun membre, possédant le 33ᵉ∴ grade,
ne pourra être rayé du tableau que pour cause de démission, défaut de payement de ses quotités ou fautes
graves. Dans le premier cas, le Conseil jugera s'il doit
accepter la démission ; dans le second il temporisera
autant que possible, afin de laisser au F∴ le temps de
s'acquitter ; dans le troisième, l'expulsion du Conseil
et la radiation du tableau devront être prononcées à la
majorité des deux tiers des voix, pour les grands-dignitaires, et à la majorité simple pour les autres.

CHAP. XX. *Art.* 4. Les peines à infliger, seront :
l'interdiction à temps, la radiation du tableau de l'atelier et l'interdiction perpétuelle tant des droits maçonniques que de l'entrée des ateliers, laquelle sera toujours suivie de l'avis qui en sera donné à tous les ateliers
de la correspondance. Cette dernière punition ne pourra
être infligée qu'après que l'arrêté, par lequel elle
aura été prononcée, aura été approuvé par le Suprême
Conseil.

Art. 6. Si un délit était commis par un 32e∴ ou par un 33e∴ et que ce délit fut relatif au Consistoire ou au Suprême Conseil, le Suprême Conseil seul aurait le droit de prononcer l'arrêt, etc.

Art. 7. Nul ne peut se prévaloir de son grade pour empêcher un atelier d'informer contre lui, et comme les Maçons, possédant les hauts grades, doivent l'exemple de la discipline, de l'observance des statuts et réglemens et d'une conduite irréprochable, ceux d'entr'eux qui se rendraient coupables de fautes ou délits, devront être moins excusables que les Maçons des degrés inférieurs et seront passibles des punitions qu'on est en usage d'infliger dans la Maçonnerie, et que le temps a consacrées en leur donnant force de loi.

CHAPITRE XXIII. *Art.* 1er. Le Suprême Conseil, en qui réside tous les Souverains pouvoirs, bien convaincu qu'aucune société ne peut exister sans lois, et que le bonheur des sociétaires dépend de la stricte observance du code qui les régit.

Bien convaincu également que l'absence ou l'oubli des lois produit tôt ou tard des suites funestes, telles que les brigues, les factions, les cabales, l'abus de pouvoir de la part des chefs, l'anarchie, et enfin le bouleversement total de toute espèce de gouvernement.

Voulant, pour ces causes, empêcher que les présens statuts et réglemens puissent être violés par qui que ce soit, a, dans sa sagesse, arrêté qu'il serait nommé trois Grands-Conservateurs dont les attributions et pouvoirs sont fixés ci-après.

Vu les pièces justificatives, au nombre de *trente-huit*, presque toutes écrites et signées par le T∴ Ill∴ F∴ comte de Grasse-Tilly ;

CONSIDÉRANT qu'il est suffisamment prouvé que le F∴ comte de Grasse-Tilly a usurpé les pouvoirs souverains du Sup∴ Cons∴ en se disant le *Souv∴* de l'Ordre Écossais ; qu'il a élevé au trentième, trente-unième, trente-deuxième et trente-troisième degrés des Maçons et même des profanes, qui ne pouvaient l'être qu'en Suprême Conseil, et d'après les formes voulues par les réglemens généraux et particuliers ;

Considérant que l'Ill∴ F∴ comte de Grasse a donné des ordres souverains ; créé des dignités qui n'existaient pas dans le Rit ; nommé, sans autorisation, à des places d'Officiers dignitaires, titulaires de l'Ordre ; porté sur le tableau des Membres honoraires du Suprême Conseil, ceux des Membres actifs qu'il lui plaisait d'y faire figurer, et que même il s'est permis d'effacer des FF∴ du tableau des Membres actifs sans y avoir été autorisé ;

Considérant que le F∴ comte de Grasse s'est approprié des fonds appartenant à l'Ordre ; qu'il a perçu des métaux pour concéder des Grades ; qu'il a employé des promesses fallacieuses pour extorquer des fonds à la crédulité de quelques maçons, et qu'il a fait un trafic honteux de la Maçonnerie ;

Considérant que, sur les recettes du Suprême Conseil (deuxième semestre de 1817), qui ne se sont élevées qu'à la somme de *quatorze cent vingt-cinq francs*, il a été employé, pour les besoins dudit F∴ comte de Grasse, une somme de *deux mille cinq fr.*

ce qui a nécessité à contracter des engagemens personnels, pour couvrir cette dépense particulière et étrangère à l'Ordre : *fait* qui eût été mis beaucoup plutôt à la connaissance du Suprême Conseil, si, par trop de délicatesse dans les procédés, on n'eût pas voulu sauver cette honte au F∴ comte de Grasse ;

Considérant que le F∴ comte de Grasse abuse maintenant encore de son ancien titre de Grand-Commandeur, pour élever un autre Suprême Conseil, et que ce Conseil est le quatrième qu'il crée en France ; qu'il trompe la religion de quelques Maçons, en cherchant à leur persuader qu'il possède des pouvoirs qu'il n'eut jamais, et qui n'ont jamais pu être conférés à aucun Maçon, puisque les Statuts généraux le défendent impérieusement ;

Considérant que le F∴ comte de Grasse est convaincu d'avoir commis le délit de concussion, en frappant un impôt sur les Maçons et principalement en prélevant illégalement sur eux une taxe de deux francs, pour l'apposition d'un cachet anti-maçonnique (celui de ses armes), et en refusant sa signature sur les patentes, brefs ou diplômes, lorsque cette contribution vexatoire n'avait pas été perçue à son profit ;

Considérant qu'il a refusé de signer les Statuts généraux du Suprême Conseil, et de se soumettre à la loi commune à tous les Maçons, qui règle et garantit leurs droits respectifs ;

Considérant enfin que la dignité, la réputation et l'honneur du Suprême Conseil ne lui permettent pas de tolérer plus long-temps une conduite aussi blâmable et aussi préjudiciable aux intérêts de l'Ordre ;

Après avoir entendu :

Le Rapport fait par le T.·. Ill.·. F.·. Langlois de Chalangé, au Tribunal des Grands-Inquisiteurs-Commandeurs ;

Le Rapport de ce Tribunal au Suprême Conseil, sur l'instruction de l'Affaire, et son avis duement motivé ;

Le Discours du Tr.·. Ill.·. Fr.·. troisième Grand-Conservateur, tenant le banc du Grand-Orateur, et ses Conclusions ;

Le Défenseur d'office du T.·. Ill.·. F.·. comte de Grasse, accusé, ayant eu toute la latitude possible dans sa défense et même dans la réplique ;

Les *six Questions* résumant les causes de l'accusation, ayant été résolues par l'affirmative, à l'unanimité pour les première, deuxième et quatrième ; à la majorité de dix-neuf voix contre quatre, pour la troisième ; à la majorité de vingt voix contre trois, pour la cinquième, et enfin, à la majorité de vingt-deux voix contre une, pour la sixième ;

Le Suprême Conseil des Souverains-Grands-Inspecteurs-Généraux du trente-troisième et dernier degré, seul Souverain, Législateur et Administrateur de l'Ordre Ecossais pour la France et les Possessions françaises de l'Amérique et des Indes, voulant mettre un terme aux abus de toute espèce dont le T.·. Ill. F.·. comte de Grasse-Tilly, Grand-Commandeur du Suprême-Conseil d'Amérique, suspendu de ses fonctions, par Décret du 26 août dernier, s'est rendu coupable précédemment, et qu'il continue de commettre journellement.

PRONONÇANT SOUVERAINEMENT, EN DERNIER RESSORT ET SANS APPEL,

DÉCRÈTE ce qui suit :

ARTICLE PREMIER.

« Le T∴ Ill∴ F∴ comte de Grasse-Tilly est déchu
» et destitué de sa dignité de Grand-Commandeur *ad*
» *vitam* du Suprême Conseil, pour les Possessions
» françaises d'Amérique, et de toute autre dignité dont
» il aurait été revêtu.

ART∴ 2. » Le sieur comte de Grasse-Tilly est dé-
» gradé de toute espèce de Rang, Titre et Emploi
» Maçonniques, et notamment de ses Fonctions de
» Souverain-Grand-Inspecteur-Général, trente-troisième
» degré. Son nom sera effacé de suite de tous les tableaux
» sur lesquels il est porté.

ART∴ 3. « L'entrée de tous les Temples Écossais
» lui est interdite à perpétuité.

ART∴ 4. » Il est défendu à tous les Maçons de re-
» connaître à l'avenir le sieur comte de Grasse-Tilly
» dans aucune des Dignités ou aucun des Grades qu'il
» possédait ; de lui obéir directement ni indirectement,
« et de lui prêter aucun serment.

ART∴ 5. » Tout Maçon qui enfreindrait désormais
» l'Art∴ précédent serait, par ce seul fait, déclaré
» traître à l'Ordre et condamné aux mêmes peines,
» comme fauteur et complice dudit sieur comte de
» Grasse-Tilly.

ART∴ 6. » Les fonctions de Grand-Commandeur
» seront remplies par le Tr∴ Ill∴ F∴ J. B. M. Dela-
» hogue, Lieut∴ G∴ Comm∴ pour l'Amérique, jusqu'à
» ce que le Suprême Conseil ait nommé un G∴ Com-
» mandeur, *pro tempore* ou titulaire.

ART∴ 7. » Le Tribunal, des Grands-Inquisiteurs-
» Commandeurs, continuera ses informations pour

» constater les abus qui pourraient se commettre en-
» core, tant au nom dudit sieur comte de Grasse-Tilly
» que de tous autres, et s'il découvre des délits qui
» soient en contravention aux statuts généraux de l'Ordre,
» et principalement à ceux du 14 juillet dernier, ledit
» Tribunal en fera son rapport au Suprême Conseil, qui
» ordonnera, dans sa sagesse, les mesures de repres-
» sion que les circonstances exigeront.

Art∴ 8. » Le présent Jugement sera buriné au
» nombre de sept mille exemplaires; envoyé sans délai
» aux Suprêmes Conseils de Prusse, de Belgique,
» d'Italie, d'Espagne, d'Amérique méridionale et sep-
» tentrionale, aux Consistoires établis aux Cayes-
» St.-Louis (île de Saint-Domingue) et à Kings-Town
« (île de la Jamaïque), enfin à tous autres Suprêmes
» Conseils, Grands-Orients, Consistoires, Tribunaux,
« Aréopages et Conseils de K∴ H∴, Souverains-
» Chapitres, tant ordinaires que métropolitains, Loges,
« etc., nationaux et étrangers. Il restera placardé,
» dans les Atel∴ de la correspondance du Suprême
» Conseil, pendant l'espace de quatre-vingt-un mois,
» et il en sera donné un exemplaire à chacun des
» Membres de toutes les Sections du Suprême Conseil.

Art∴ 9. » Le présent Jugement sera signifié au
» sieur comte de Grasse-Tilly, à la diligence du T∴
» Ill∴ F∴ Langlois de Chalangé, Chef du Secré-
» tariat Général de l'Ordre, nommé d'office à cet
» effet. »

Successivement appelés à l'autel, les Souverains-
Grands-Inspecteurs-Généraux, dont les noms suivent,
s'en approchent et signent, *manu propriâ*, la minute de
l'arrêt prononcé.

(107)

Signé, Dorville, L'Etendart, de la Rochette, Boucher, Durieu, Manjot aîné, Palis, Langlois de Chalangé, Richard, Duplat père, Buchard, Gout, Chatenet, le marquis de Massiac, Leblond, Dehanne, Brunet, Ricard, Heureaux jeune, Tissot, de Maghellen, le baron de Marguerittes, le vice-amiral comte Allemand.

Vérification faite des signatures qui décorent la feuille de présence, le nombre se trouve être de deux cent quatre-vingt-quatre.

Le tronc des pauvres et le sac des propositions circulent tant à l'Est que sur les Colonnes.

Le sac des propositions est rapporté vuide sur l'autel.

Le produit du tronc de bienfaisance est remis à l'Ill.·. F.·. Dehanne, Hospitalier de la chambre, lequel est autorisé à faire parvenir au Fr.·. Servant, malade, un secours provisoire de trois médailles de cinq francs.

Aucun F.·. ne réclamant la parole pour le bien de l'Ordre en général ou celui du Suprême Conseil en particulier, la clôture des travaux se fait, minuit plein, suivant le rituel du premier grade, et tous les FF.·. se retirent en paix.

Le présent tracé a été lu, approuvé et sanctionné dans la séance du Suprême Conseil du 21e.·. jour du 7e.·. mois de l'an 5818, où étaient présens les Souverains-Grands-Inspecteurs-Généraux : Dorville, Manjot jeune, l'Etendart, de la Rochette, Durieu, Manjot aîné, Palis, Langlois de Chalangé, Richard, Duplat, Gout, le marquis de Massiac, Leblond, Ricard,

Heureaux jeune, de Maghellen, le baron de Marguerittes et le vice-amiral comte Allemand, présidant les travaux.

Pour expédition conforme, collationnée sur l'original.

L'Insp∴ Gén∴ faisant fonctions
de S∴ du Saint-Empire.

Richard

Le Chef du Secrétariat-Général.

Langlois de Chalange
Chev∴ Prin∴ du Trop∴ 33∴

Vu et approuvé par les Grands - Conservateurs de l'Ordre Maç∴ Ec∴, présens a Paris.

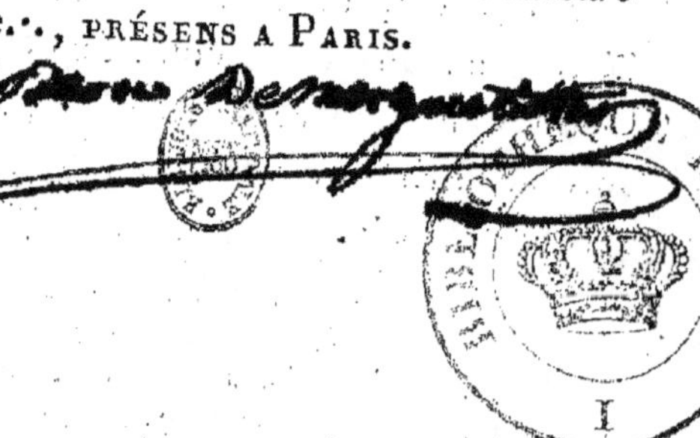

IMPRIMERIE DE STAHL.